CADERNOS DE ESTUDOS MAÇÔNICOS

WALTER CELSO DE LIMA

O ESQUADRO E O COMPASSO ACONTECEM

Editora Maçônica "A TROLHA" Ltda.
Rua Castro Alves, 264 – Jd. Shangri-lá A – Fone (43) 3337-1982
Fax (43) 3326-0915 – Cx. Postal 238
CEP 86001-970 – Londrina – PR

Londrina, novembro de 2016

EDITORA MAÇÔNICA "A TROLHA" LTDA.
Rua Castro Alves, 264 – Jd. Shangri-lá A
86070-670 – Londrina – PR
Cx. Postal 238 – CEP 86001-970
Fone (43) **3337-1982** – Fax (43) **3326-0915**
Site: www.atrolha.com.br
E-mail: redacao@atrolha.com.br

Coordenação Geral:
Conselho Editorial

1ª Edição:
2016

Tiragem:
1.300 exemplares

Projeto Gráfico e Diagramação:
Maristela Meneghetti

Capa:
Ulisses R.M. Candreva

Revisão:
Maria Angelina Martins

Impressão e acabamento:
Viena Gráfica & Editora Ltda

Obediência: *Grande Oriente de Santa Catarina*

DADOS INTERNACIONAIS DE CATALOGAÇÃO NA PUBLICAÇÃO (CIP-BRASIL)
CATALOGAÇÃO NA FONTE

L732d   Lima, Walter Celso de.
O esquadro e o compasso acontecem / Walter Celso de Lima. – 1ª ed. – Londrina: Ed. Maçônica "A TROLHA", 2016.
176p.: il.; 14, 21 cm. – (Coleção Cadernos de Estudos Maçônicos).

1. Maçonaria – Ensaios. 2. Maçonaria – História. 3. Filosofia e Cultura – Maçônica. 4. Símbolos – Maçônico – Esquadro e Compasso. I. Título. II. Série.

CDD 366.1
CDU 061.236

Índices para Catálogo Sistemático:

1. Maçonaria – Ensaios
061.236 (CDU)
2. Maçonaria – História
061.236(091) (CDU)
3. Filosofia e Cultura – Maçônica
1:061.236 (CDU)
4. Símbolos – Maçônico – Esquadro e Compasso
164.02:291.236 (CDU)

SUMÁRIO

PREÂMBULO

Preambular o livro "O Esquadro e o Compasso Acontecem" de autoria deste notável escritor maçônico Irmão Walter Celso de Lima, que vem tendo uma produção literária muito fecunda e intensa, muito pesquisada em fontes primárias, além de sua inteligência invulgar, nas suas afirmações e deduções, é fora de dúvida uma grande responsabilidade para quem prefacia. Não me sinto à altura desta honra que este Irmão me contemplou. Tive vontade de não fazê-lo, mas ao ler seu livro, mudei de ideia. A transparência e clareza, aliadas e seriedade com que ele escreve, faz qualquer maçom que goste de ler, um apaixonado pela sua obra.

O livro contém vários ensaios aparentemente independentes um dos outros, mas só na aparência, pois o autor une qualquer tópico que expõe à Maçonaria. É só o leitor arguto ler com atenção perceberá que apesar dos ensaios não seguirem uma temática linear, por mais paradoxais que pareçam ser os ensinamentos se encontram sempre ligados à Ordem e não se contradizem. A Ordem é pródiga nesta possibilidade, por apresentar ao escritor um leque muito grande de opções.

Ao descrever a cultura, a religião e o povo do Antigo Egito, o fez com todos os detalhes possíveis, verdadeira aula sobre aquela civilização antiga, cita o Tribunal de Osíris, cujas semelhanças forneceram peças importantes para a composição da lenda maçônica de Hiram, verdadeira colcha de retalhos que é, e que redundou no final na lenda como se conhece hoje, já que esta lenda foi superposta por outras lendas, para que se formasse finalmente a redação final da mesma. Osíris serviu de exemplo para os estudiosos desconhecidos que deram vida à lenda, baseados inicialmente nele.

Escrevendo magnificamente sobre Eclesiastes da Bíblia o autor ressalta a idolatria que leva os homens a pensarem que falsos ídolos os levavam a ser poderosos. Pura ilusão. No livro é demonstrado que a Maçonaria combate a idolatria e também a inveja. Ressalta que infelizmente, o principal ídolo do mundo é o dinheiro de consumo, que corrompe a maioria dos homens, porém não todos, pelo menos não aos bons maçons.

No capítulo seguinte, em Provérbios, entre os muitos ensinamentos que eles trazem, o autor enfocou que quando um Mestre Maçom consegue decifrar na sua mente a verdade revelada ou oculta dos rituais ele conseguirá se conhecer melhor e engrandecer sua grandeza espiritual. É isso que a Maçonaria espera dele.

Em outro capítulo, em sequência, o autor trata através de uma semelhança até esquisita, conseguir comparar uma situação com outra, apesar de parecerem completamente diferentes, mas se seguirmos o raciocínio montado por ele uma explica muito bem a outra. A Teoria da Pangeia, pela qual há quase 200 milhões de anos, os continentes hoje como são conhecidos eram um continente só, mas que foram se desmembrando com o tempo até se tornarem os continentes que geograficamente conhecemos. E ao se dividir este monobloco, quase todos animais e vegetais foram juntos, menos alguns. O autor ao fazer esta comparação refere que os macacos existem em todos os continentes, isto significa que eles acompanharam esta divisão. E estes macacos contêm o mesmo DNA, que lhes perpetuou a espécie, lhes trouxe a herança física, com algumas diferenças e adaptações conforme o continente onde vivem preservando a sua maneira de ser como animal. O autor complementa a semelhança transportando para a Maçonaria, ao afirmar que apesar de termos ritos diferentes em países diferentes, potências diferentes, a essência, o âmago, o centro, os princípios permaneceram incólumes. Se reparar os sinais, as palavras, como se entra numa loja, o diálogo ritualístico entre o Venerável e Vigilantes, sempre descrevendo o trajeto solar veremos a Maçonaria mantem viva a lenda hirâmica, as iniciações etc. Mas os pontos básicos, a verdadeira essência permanece, tal o qual o DNA dos macacos. Belo ensaio, este produzido pelo autor. Muito embora a Maçonaria nada tenha a ver com macacos, a comparação foi perfeita.

Outro tópico tratado no livro com muita propriedade, foi a diferença entre Pedra Fundamental e Pedra Angular que alguns autores fazem confusão a respeito, mostrando que a pedra angular é um símbolo Maçom de Marca, um grau paralelo usado na Inglaterra e que também existe nos EUA. Quanto a Pedra Fundamental usada através de uma cerimônia antes de ser iniciada a construção de um templo seria para o autor do livro o símbolo da Iniciação.

Na segunda parte, dedicado à História, deste precioso livro, o autor descreveu em detalhes Guerra das Rosas, ocorrida na Inglaterra medieval, envolvendo a Casa de Lancaster e Casa de York, guerra esta que durou mais de 30 anos. Como pesquisa desta história trouxe até o leitor a origem das rosetas nos aventais de Companheiro e Mestre usados no Trabalho de Emulação. No avental de Companheiro existem duas rosetas significando o início da Guerra das Rosas e no de Mestre três rosetas simbolizando o fim da guerra. Além do mais apresenta uma pesquisa profunda sobre os aventais maçônicos.

A seguir em extenso capitulo, disseca de maneira muito transparente o problema de Instalação de Venerável Mestre, o qual por direito somente existiria no Trabalho de Emulação e no Rito de York (americano), cerimônia executada tão somente para instalar o Venerável eleito para aquela gestão à qual foi eleito. Os pesquisadores da Loja Quatuor Coronati de Londres ao estudarem os antigos rituais, tiveram muita dificuldade em estudar o Ritual de Instalação, por encontrar insuficiente material para um estudo mais acurado. Já os demais ritos que tem Instalação copiaram e alteraram o ritual de Instalação, cada qual à sua maneira, valorizando até demais esta situação, onde em alguns Ritos existe o Conselho de Mestres Instalados que até muitos incautos maçons acreditam que Mestre Instalado seria um grau, inclusive assinando os livros de presença como M.I. Mestre Instalado nunca foi grau.

Dentro dos ensaios comentados neste livro o autor dedicou um capítulo de forma muito especial ao gigantesco Memorial Maçônico de George Washington. O autor parece que julga, assim como eu, George Washington, o Pai da Pátria dos Americanos um dos maiores maçons que Humanidade teve conhecimento. De fato, foi um líder inato, um maçom perfeito, Homem probo, honesto e justo. Ele não corria atrás de cargos. Os cargos chegavam a ele, dada a sua liderança nata, sincera e honesta. Nunca deixou de amar a Maçonaria. O autor aparece fotografado em várias fotos, nos mais variados ângulos do Memorial.

A seguir como último capítulo do livro composto de ensaios que parecem mais uma coletânea de trabalhos, mas que em realidade todos os ensaios colocam em evidencia a alma maçônica de tal forma que parece um trabalho como se fora um tema linear, o autor deixa um recado patriótico ao povo brasileiro, especialmente aos seus Irmãos maçons, relembrando o que significou uma canção na alma de um povo. Trata-se do *Va pensiero* do maçom Giuseppe Verdi, quando ele conta em uma opera a escravidão pela qual passou o povo judeu, mas que por metáfora que se encaixava perfeitamente na situação da Itália na década de 1840, então dominada pelos austríacos. Esta música exaltou o patriotismo italiano e o resultado foi que a Itália se libertou do jugo dos *tedeschi*, como eles chamavam os alemães e austríacos e assim foi unificada e livre.

Livro excelente, muito bom de ser lido, pois está muito bem escrito, muito bem pesquisado, agradável. Mais uma obra de grande valor do nosso Irmão Walter Celso Lima.

Irm∴ Laurindo Roberto Gutierrez
Loja de Pesquisas Maçônicas "Brasil" – Londrina – PR

PREFÁCIO
"O ESQUADRO E O COMPASSO ACONTECEM"

Por que esse título? Sabe-se que o Esquadro, o Compasso e o Livro da Lei são as grandes luzes da Maçonaria. Devem estar juntos; Esquadro e Compasso sobre o Livro da Lei. Estando juntos, exercem com plenitude o domínio da Loja. Por isso, o Esquadro e o Compasso estão presentes em toda a Maçonaria universal.

Fig. 1 – Compasso sobre o Esquadro.

O Esquadro é o símbolo da retidão, caminho reto da justiça e do comportamento; símbolo da justiça, da virtude, da estabilidade, da equidade e da honradez. É o símbolo mais usado e conhecido na Maçonaria. A origem do Esquadro, como símbolo da retidão e justiça, está no culto a Osíris, no Egito Antigo. Osíris (ou Ausar em egípcio antigo) é um deus da mitologia egípcia associado à vegetação e a vida no Além. Era ele quem julgava, na Sala das Duas Verdades (sala do Juízo Final), os homens após seu falecimento. O Esquadro é usado, na mitologia, pelo deus Rá, deus Sol e filho de Osíris. O julgamento de Osiris é descrito no primeiro ensaio deste livro: "O Julgamento dos Mortos". O Esquadro, no Egito Antigo era símbolo da justiça. Na Maçonaria operativa, o Esquadro teve origem como instrumento para determinar com precisão ângulos retos. Controlava, então, o corte das pedras precisamente retangulares, pedras justas e perfeitas. O Esquadro nas mãos do Venerável Mestre serve para julgar e decidir; mostra o caminho reto de seu comportamento. Está presente na joia do Venerável Mestre. A origem da palavra Esquadro é latina: *squadrare*, verbo que significa dispor de modo a obter ângulos retos. Na Bíblia, retidão e justiça são pontos de encontro. No Salmo 15: 2: "Quem anda com retidão e pratica a justiça: fala a verdade no coração". A cruz cristã pode ser formada por dois Esquadros de braços desiguais. Os místicos interpretam o Esquadro composto de uma haste horizontal e outra vertical; a horizontal significa o caminho do homem sobre a terra; a vertical significa a busca do Infinito. Quando as hastes do

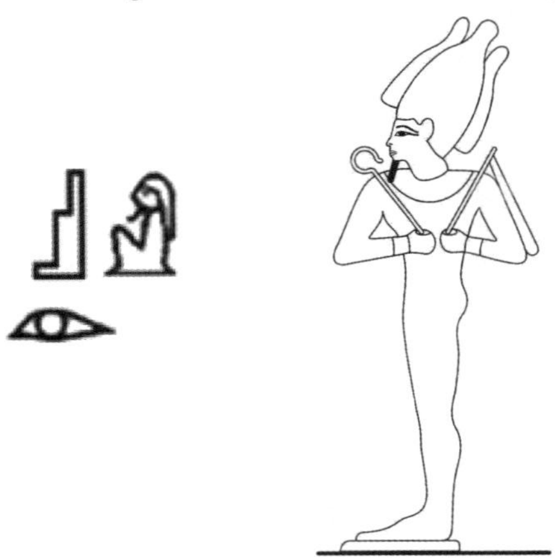

Fig. 2 – Osíris, desenho baseado em pinturas de túmulos do Novo Império (1570 a 1069 a.E.V.)

Fig. 3 – O Esquadro

Esquadro têm igual dimensão, a reunião da horizontal com a vertical dá o sentido de equidade.

O Compasso simboliza a verdadeira medida de nossos desejos e simboliza a perfeição. O Compasso estabelece limites de ação, de comportamento, de atitudes, de nossas paixões e anseios; determina nossa relação com todas as pessoas, principalmente maçons. Ou seja, o Compasso prescreve, fixa limites. O Compasso destina-se a traçar uma das mais perfeitas figuras geométricas que é a circunferência. A ação do Compasso está limitada por um círculo. É, também, uma ferramenta que transfere medidas. Enquanto o Esquadro tem finalidade de tornar os corpos quadrados, o Compasso torna os corpos redondos. Uma das hastes do

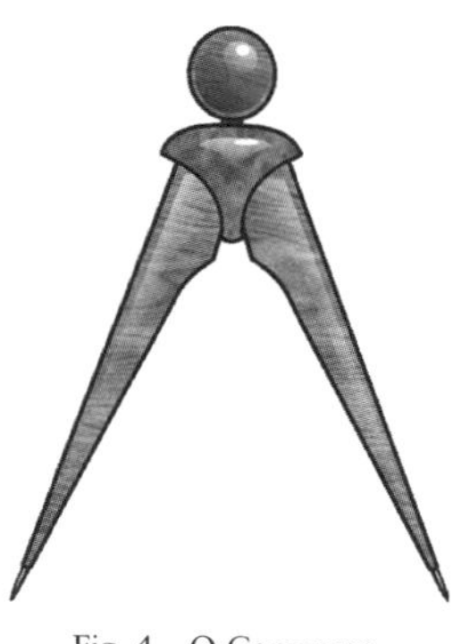

Fig. 4 – O Compasso.

Compasso marca o centro do círculo – um ponto. Esse simboliza o ponto de partida para a grande aventura da vida. Se o Compasso limitar nossas ações, o centro do Compasso é onde o maçom não pode errar.

Sintetizando, o Esquadro é o símbolo da retidão e da justiça, o Compasso é o símbolo da perfeição e estabelece limites das ações dos maçons. Homens que procuram a retidão e a justiça, homens que procuram a perfeição e procuram estabelecer seus limites, se encontram na Maçonaria. Razão do título: "O Esquadro e o Compasso Acontecem".

Este livro consta de 9 ensaios: Parte I: Filosofia e Cultura (maçônica) e Parte II: História (da Maçonaria). Nesses 9 ensaios, acontecem o Esquadro e o Compasso: retidão, justiça, perfeição e estabelecimento de limites (do maçom).

Este volume serve para fábulas de convivência entre novos e velhos conceitos e, também, entre o leitor e o escritor. Oferece novas opiniões e ideias, também, reexamina outras já reconhecidas. Tem a tentativa de revelar concepções.

Há o propósito de incitar e despertar ideias. As informações são várias. E a motivação irresistível; se tentássemos exaurir todas, seria como psicoses endógenas e alucinações cognitivas. Nenhum tema pode (ou deve) ser esgotado. Cada ideia abre um leque de outras questões para os curiosos, para os amantes do conhecimento. A curiosidade é o ensejo, o *leitmotiv*, a causa lógica conexiva para o desenvolvimento de ideias.

O maçom é um ser em constante construção. Aos leitores e parceiros que compartilham os mesmos ideais, uma última ilação: é necessário meditar e transformar. A sí próprio. É necessário construir, reconstruir. A si próprio.

Minha apreciação sobre meus ensaios varia no tempo. Por vezes, mudo de opinião com o decorrer do tempo. Nem sempre o que era meu sentimento num momento, o foi no outro. Por quê? Porque vivo, sou dinâmico, leio, penso e existo. Todos os livros sobre Maçonaria escritos por este Autor são coleções de ensaios, dissertações menores sobre temas específicos, menos definitivos do que as de um tratado formal. Podem/devem ser enriquecidos com supressões, acréscimos, críticas construtivas pelos Irmãos leitores e/ou pelo próprio Autor. Contato: 099lima@gmail.com.

Finalmente, gostaria de agradecer as pessoas que leram, comentaram e sugeriram itens em diversos desses ensaios. Gostaria de agradecer, especialmente, minha esposa Maria Angelina Martins, a sempre revisora de meus textos. Fê-la não só gramaticalmente. A revisora cortou repetições, reordenou frases, evitou o emprego das mesmas palavras na mesma frase, amenizou qualificativos mas não alterou nada de substantivo. Meus agradecimentos.

Rancho Queimado, verão de 2016.

REFERÊNCIAS BIBLIOGRÁFICAS:

GIRARDI, J.I. "**Do Meio-dia à Meia-noite**". 2ª ed. Blumenau: J.I.G., 2008.

JACQ, C. "**A Sabedoria Viva do Egito Antigo**". Rio de Janeiro: Bertrand Brasil, 1999.

APRESENTAÇÃO DOS EDITORES

A Maçonaria, através de seus Símbolos e Alegorias, proporciona infinitas possibilidades de pensamentos, assim como uma pluralidade de entendimentos, tornando-se um grande legado aos nossos estudiosos.

Esta obra vai muito além das interpretações dos significados atribuídos ao Esquadro, matéria, retidão, virtude, e o Compasso, espírito, justiça e exatidão. Busca saber se os ensinamentos estão, efetivamente, sendo aplicados em nossas ações na Grande Obra construtiva de uma humanidade cada vez melhor.

A clássica definição de Maçonaria: "Um peculiar sistema de moralidade velado em alegorias e ilustrado com símbolos", é uma forma de se entender como as coisas acontecem, de onde elas surgiram e o que trazem consigo, a ponto de se imortalizarem nos Usos e Costumes Maçônicos. As Alegorias são representadas de duas formas: uma exotérica ou sobre o que é óbvio e uma esotérica ou com significado místico. Enquanto o Símbolo induz ao registro e desenvolvimento entre a realidade cotidiana e a experiência pessoal a partir dele.

O autor e Irmão Walter Celso de Lima escreveu nove Ensaios sob a perspectiva das três Grandes Luzes da Maçonaria: o Livro da Lei, o Esquadro e o Compasso, conectando o peculiar ao universal. Uma vívida e instantânea revelação do inescrutável.

O que dá status ao Símbolo é a sua inexaurível interpretação e o mistério que carrega.

A verdade é uma só, mas pode ser falada de várias maneiras.

Os Editores
Londrina, outubro de 2016.

PARTE I

Filosofia e Cultura

O JULGAMENTO DOS MORTOS

"Meu coração,
não te oponhas a mim no tribunal.
Não te mostres hostil a mim.
Não digas mentiras sobre mim
na presença dos deuses."
Livro dos Mortos – confissão negativa do morto
(circa 650 a∴ E∴ V∴).

1. INTRODUÇÃO:

A estória do Julgamento dos Mortos é a alegoria do julgamento do Tribunal de Osíris que é relatada de muitos modos; todas são traduções diretas de hieróglifos egípcios. Traduções completas só foram possíveis após 1822, quando Champollion[1] conseguiu decifrar os hieróglifos. O primeiro livro dos mortos foi traduzido pelo egiptólogo alemão Richard Lepsius[2] em 1842. Quem o descobriu foi Champollion que o descreve mais tarde quando estudava um papiro de 20 metros, em Turim, Itália.

---

1 Jean-François Champollion (*le jeune*), linguista e egiptólogo francês, decifrou os hieróglifos em 1822, nasceu em Figeac, região *Midi-Pyrénées*, França, em 1790 e faleceu em Paris, em 1832. Seu livro mais famoso foi impresso *pos-mortem* em 1834. Foi Mestre Maçom.

2 Karl Richard Lepsius, egiptólogo prussiano, linguista, pioneiro da moderna arqueologia. Nasceu em 1810, em *Naumburg an der Saale*, Reino da Saxônia e faleceu em 1884, em Berlim. Doutor em Ciências.

2. OSÍRIS:

Osíris (em idioma egípcio: *Ausir*, *Asiri* ou *Ausar* ou mais precisamente *w.s.r.* pois em egípcio antigo não havia vogais, era uma língua semítica) é um deus egípcio, deus da vegetação e da vida no Além, que julga o bem e o mal (Fig. 1). Identificado como deus da vida após a morte ou deus dos mortos, da transição entre a vida e a morte. Descrito como um homem de pele verde, representando a natureza ou preto, representando a vida, com barba postiça denominada de *jebesut*, barba de faraó, usando uma coroa branca representando o alto Egito, denominada de *Atef*, que continha duas grandes penas laterais de avestruz, simbolizando a verdade e a justiça, possuía um colar de nome *usekh*. Segurava um cajado e um mangual (instrumento que se malham cereais para debulhá-los: consiste num cabo (mango) conectado a uma correia de couro (inçadouro) e um outro cabo (pirtigo) que percute as hastes (do trigo, cevada, etc.) espalhadas no chão para retirar-lhes os grãos) – Fig. 2.

Nome Osíris em hieróglifos: WSR à o olho poderoso

Osíris foi considerado um juiz misericordioso dos mortos na vida após a morte. Os faraós do Egito foram associados a Osíris após a morte depois do Médio Império (Período da Reunificação). Através da esperança de uma nova vida após a morte, não somente para os faraós, mas a todos os egípcios, Osíris começou a ser associado com os ciclos observados na natureza, em particular a vegetação e a inundação anual do Nilo, através de suas ligações com movimentos estrelares e planetários. Osíris foi amplamente adorado como Senhor dos Mortos até a supressão da religião egípcia durante a ascensão do cristianismo pelo Império Romano no século IV E.·.

V.:., cujo último local de adoração dos deuses e escrita hieroglífica foi a Ilha de Philae que se situa no Alto Egito (MILLMORE, 2016).

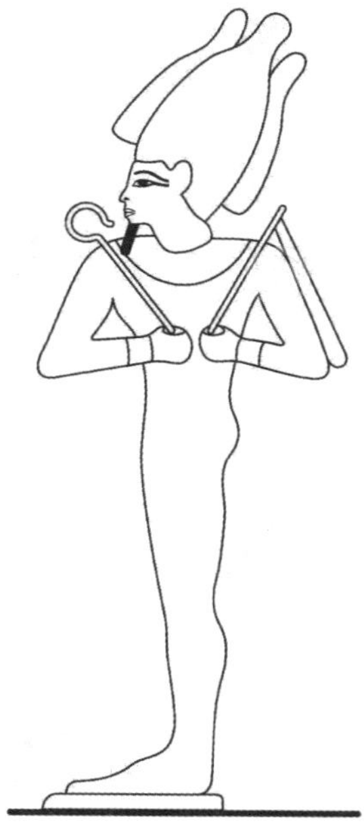

Fig. 1 – Osíris, desenho baseado em pinturas em tumbas do Império Novo (1550 – 1070 a.:. E.:. V.:.)

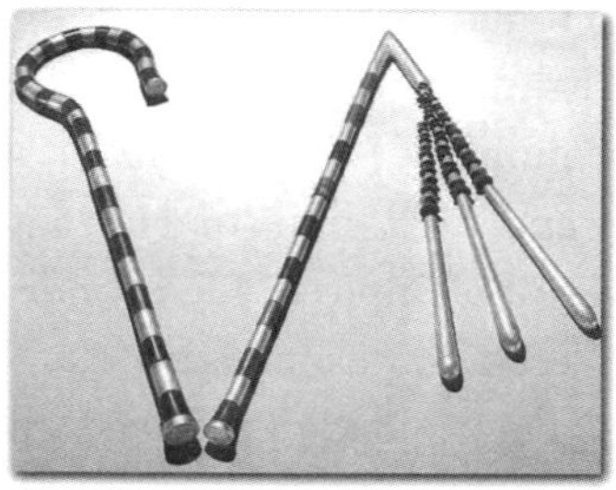

Cajado (*heka*) e Mangal (*nekhakha*)
Fig. 2 – O cajado (governar) e o mangal (autoridade real) – juntos são símbolos faraônicos

O julgamento dos mortos é uma crença que surgiu em torno de 2500 a.:. E.:. V.:. (Antigo Império). É a primeira crença, que se tem notícia, da existência de uma vida após a morte e de um juízo final para cada ser humano.

3. O TRIBUNAL DE OSÍRIS:

O Livro dos Mortos é um antigo texto fúnebre egípcio, usado desde o início do Império Novo (*circa* 1550 a∴ E∴ V∴), mas com lendas e magias de aproximadamente 3000 anos a∴ E∴ V∴. O nome egípcio original para o texto é "Livro da Revelação Dia a Dia". Outra tradução é "Livro de Emergentes diante da Luz". São conjuntos de textos compostos por um número de liturgias mágicas destinados a dar apoio à jornada de uma pessoa morta em direção ao Além ("*Duat*" – reino dos mortos). Foi escrito por muitos sacerdotes durante um período cerca de 1000 anos. O Livro dos Mortos é encontrado nas paredes das tumbas a partir do Novo Império do Egito (de 1700 a∴ E∴ V∴ a 1070 a∴ E∴ V∴), principalmente, no Vale dos Reis, no interior e exterior de sarcófagos dessa época ou pintados em objetos, principalmente em estatuetas denominadas *Ushebtis* que serviam para guiar o morto no além túmulo. Também, é encontrado em papiros enrolados, junto à cabeça ou perto da múmia.

O texto que segue é baseado numa das versões do Livro dos Mortos. Hunefer (senhor belo) – um escriba de Tebas que viveu em algum momento durante a 19ª dinastia (1298 a 1187 a∴ E∴ V∴) e que ao falecer, chega ao empíreo, lugar onde moram os deuses, pela barca solar e é recebido pela deusa Ma'at (Fig. 3), a deusa da verdade, da ordem, da moralidade e da justiça, perante a qual ele se inclina. O morto não pode mentir e confessa-lhe sua vida na terra, e o que fez de bem e de mal.

O morto enfrenta 42 juízes, que representavam os 42 nomos (divisão territorial do Antigo Egito) ou mandamentos de Ma'at. O bem e o mal vão ser pesados. Num dos pratos da balança, coloca

Fig. 3 – Deusa Ma'at, 2014 (*Penton*, extraído do Museu Britânico)
Hieróglifos à direita falam da poderosa deusa Ma'at e da esquerda da grande rainha Nefertari

seu coração (*ib*), sede da alma (Fig. 4); no outro, tem-se Ma'at representado por uma pluma.

Fig. 4 – Livro dos Mortos. Anúbis pesando o coração de Hunefer. Ao lado, Ammit observa Toth tomando nota. Data provável: 1285 a.·. E.·. V.·.. Museu Britânico.

Noutro prato, coloca uma pena de avestruz, símbolo da verdade de Ma'at. Tudo o que o morto fez de bem é recolhido por Hórus (Fig. 5), deus com cabeça de falcão (deus do céu e da realeza, associado à figura do faraó). Tudo o que o morto fez de mal é recolhido por Anúbis (Fig. 6), deus com cabeça de chacal (deus dos infernos). Se o prato do coração pesar mais do que o prato da pena

(Fig. 10), indicará que as ações referentes ao mal prevaleceram às ações do bem. Se pesar menos do que o prato da pena, a alma do morto está salva. Thoth – Fig. 7 – (o deus das ciências), com cabeça de uma Íbis (ave aquática parecida com cegonha), anota o peso e comunica o resultado a Osíris. Sobre a alegoria do devorador de almas, há, no mínimo, três versões. O motivo: as diversas versões do Livro dos Mortos foram escritas por cerca de 2230 anos (de 2200 a∴ E∴ V∴ a 30 E∴ V∴). Além disso, o devorador de almas era um deus secundário, não muito importante. As três versões do devorador de almas são: Apep, Babi e Ammit. Apep (ou Apophis) – Fig. 8 – era a divindade egípcia que encarna o caos, portanto, adversário de Ma'at. É simbolizado como uma gigante serpente morta por Rá, deus do sol. Apep era um devorador de almas más, que não eram aprovadas no julgamento. Habitava num subterrâneo dentro da sala de julgamento. Em outras versões, o devorador de almas más era Babi, Baba ou Babai, um babuíno cinocéfalo (com cabeça de cachorro), considerado o deus do submundo. Esse, então devorava as almas más. Ammit (Ammut, Amut, Ahemait ou Ahima) era um demônio feminino, quimérico, composta de três partes: cabeça de crocodilo, corpo de leopardo (ou leão) e traseiro de hipopótamo (Fig. 9). Ammit morava nas escalas da justiça, em Duat ou, em outras

Fig. 5 – Hórus, deus do céu e da realeza, associado à figura do faraó. Desenho baseado em pinturas de tumbas do Império Novo (1550 – 1070 a∴ E∴ V∴)

versões, morava num lago de fogo. Ammit, o "comedor de corações", não era adorado, mas temido pelos egípcios.

Osíris está sentado num trono, sob o dossel (cobertura ornamentada), tendo atrás de si, Ísis, sua mulher e irmã (deusa da fecundidade) e Nephthys (deusa da esterilidade). Se prevalecer o bem, a alma do morto é assimilada pelo próprio Osíris e vai gozar das bem-aventuranças, a sublime felicidade num local denominado Amenti ou Amentet. Na verdade, Amenti poderia ser considerado um portal ou sala para acesso aos campos da paz (*Sekht – Hotep*) e dos campos da bem-aventurança (*Sekht – Iansu*), ou seja, o paraíso. Esse era cercado por 4 rios; o número 4 representava a totalidade, e seguia a sua vida como aqui na terra com tudo o que possuía. Se prevaleceu o mal, há, defronte do trono, acocorado, um monstro denominado o "devorador de almas" que imediatamente devora sua alma ímpia. (Uma foto completa do Tribunal de Osíris, versão Papiros de Ani (XIII século a∴ E∴ V∴), que se encontra no Museu Britânico (*papyrus of Ani*), pode ser vista (em sua totalidade) em http://www.britishmuseum.org/research/collection_online/collection_object_details.aspx?objectId=113335&partId=1 acessado em 6.fev.2016. O papiro de Ani mede 25 metros e foi roubado pelo egiptólogo Wallis Budge[3] para o Museu Britânico. Wallis Budge de um lado foi um prolífico escritor, cujos textos são considerados pela egiptologia como medianos; mas, ao preservar e comprar muitas peças egípcias sem autorização daquele governo, acabou fazendo um bem à civilização, pois poderiam ser partidas ou mesmo perdidas. A versão de Hunefer (XII século a∴ E∴ V∴) está no Museu Britânico e pode ser vista em sua totalidade em (*Khan Academy*):

https://www.khanacademy.org/partner-content/british-mu-

---

[3] Sir Ernest Alfred Thompson Wallis Budge, egiptólogo, orientalista e filologista inglês, doutor em letras (*Litterarum Doctor*), trabalhou no Museu Britânico. Nasceu em *parish* Bodmin, condado de Cornwall, Cornualha, sudeste da Inglaterra, em 1857 e faleceu em Londres, em 1934. (*Parish*, em idioma celta córnico (*Cornish*) significa, literalmente, "paróquia civil" ou povoado).

seum/africa1/ancient-egypt-bm/a/hunefer-book-of-the-dead acessado em 6.fev.2016.

Fig. 6 – Anúbis, um psicopompo deus dos infernos. Desenho baseado em pinturas de tumbas do Império Novo (1550 – 1070 a∴ E∴ V∴).

4. O LIVRO DOS MORTOS:

O Livro dos Mortos foi o produto de um longo processo de evolução, desde o Antigo Império (3ª a 8ª dinastia, *circa* 2575 a 2150 a∴ E∴ V∴), até o Médio Império (11ª a 14ª dinastia, *circa* 1975 a 1640 a∴ E∴ V∴). Encontrou-se o Livro dos Mortos, também, nos chamados períodos intermediários, quando o Egito estava dividido. Esta evolução se revela nos diversos papiros encontrados em diversos ataúdes. Foram encontrados Livros dos Mortos até o período romano, em 30 E∴ V∴, quando o imperador Augusto[4] conquistou o

[4] Caio Júlio César Otaviano Augusto (*Gaius Iulius Caesar Octavianus Augustus*), patrício e primeiro imperador romano, nasceu em Roma em 63 a∴ E∴ V∴ e morreu assassinado em Nola, perto de Nápoles, em 14 E∴ V∴.

Fig. 7 – Thoth, deus das ciências. Desenho baseado em pinturas de tumbas do Império Novo (1550 – 1070 a∴ E∴ V∴).

Fig. 8 – Apep (ou Apophis) sendo dominado por duas divindades.

Fig. 9 – Ammit, a devoradora de almas

Fig. 10 – Julgamento dos mortos: à direita: o morto já julgado faz oferenda a Osíris (figura maior), seguido de Ísis (deusa da saúde, do casamento – casada com Osíris) e Néftis (deusa da noite, irmã de Osíris). No centro: Anúbis e Hórus pesam o coração do morto. Á esquerda: Ammit ou Babi, sobre um banco (devorador de almas), Shu, de braços levantados (deus dos ventos do ar); a morta na cor branca e ela na cor marrom. Em cima: os 42 juízes (22 na fila superior e 20 na fila inferior). Museu Britânico.

Egito. As mais conhecidas representações do Tribunal de Osíris são dois papiros (papiro de Ani e papiro de Hunefer). Há vários papiros semelhantes sobre o Tribunal de Osíris e sobre o Livro dos Mortos, destacando-se: papiros de Princeton, Univ. de Princeton, EUA; papiros da biblioteca da Universidade John Rylands, Manchester, Inglaterra; papiros da biblioteca da Universidade de Michigan, EUA e os famosos *Oxyrhynchus Papiri*, da Universidade de Oxford, Inglaterra. Oxyrrincus era uma cidade no Baixo Egito onde, segundo a lenda, havia sido enterrado um pedaço do corpo de Osíris (o falo). Seu corpo foi desmembrado em 14 partes e espalhado pelo Egito por seu irmão Seth. Em Oxyrrincus, um peixe, com este nome, Oxyrrincus, comeu o falo. Consta na estória de Ísis e Osíris no livro de Plutarco[5]. Os papiros do Tribunal de Osíris têm pequenas modificações nos desenhos, mas relatando a mesma lenda mitológica. O mais famoso e completo Livro dos Mortos foi aquele do período Saita, durante a 26ª dinastia, de *circa* 685 a 525 a.·. E.·. V.·., traduzido para o inglês pelo egiptólogo inglês Sir Wallis

[5] Plutarco (Πλούταρχος), historiador, biógrafo e ensaísta grego, tornou-se cidadão romano (*Lucius Mestrius Plutarchus*). Nasceu em 46 E.·. V.·. em Chaeronea, Beócia, Grécia e faleceu em 120 E.·. V.·., em Delphi, Phocis, Grécia.

Budge, em 1895. Uma versão completa e atualizada pode ser lida na internet (WALLIS BUDGE, 1960). Uma versão resumida pode ser lida em Fadl, 2014 ou Deurer, 2010. Existe versão resumida em português: Ferreira, 2010. Há, também, uma versão completa em português (WALLIS BUDGE, 2006). A versão do período Saita é dividida em capítulos reunidos em quatro seções:

I – Capítulos 1 a 16 – O falecido entra no túmulo, desce aos infernos e seu corpo recupera seus movimentos, sua fala e suas sensações.

II – Capítulos 17 a 63 – São explicados, ao falecido, a origem mística dos deuses para que ele possa viver novamente. Sua nova vida renasce com a alvorada, o nascer do sol no Oriente. As informações sobre a deusa Ma'at explanadas abaixo estão nesta seção II.

III – Capítulos 64 a 129 – O falecido viaja numa barca solar. À noite, ele deve comparecer perante o deus Osíris. A mitologia do julgamento, no Tribunal de Osíris, descrito no início deste ensaio, se encontra nesta seção III. Refere-se ao defunto Hunefer e está nos papiros de Hunefer no Museu Britânico.

IV – Capítulos 130 a 189 – Depois de julgado, e se neste julgamento prevaleceu o bem, o falecido assume o poder no Universo, tornando-se mais um entre os deuses. Nesta seção, inclui a função de diversos amuletos para proteção do defunto, bem como, alimentos e locais importantes da vida do Além. Há Livro dos Mortos, desta época, com 192 capítulos, estes, com a descrição de mais alguns amuletos e feitiços.

5. CRONOLOGIA DO TRIBUNAL DE OSÍRIS:

A mitologia do Tribunal de Osíris tem origem antes de 2200 a.·. E.·. V.·., (portanto, há mais de 4000 anos). A representação gráfica do julgamento no Tribunal de Osíris e o culto de Osíris remontam a 11ª dinastia (2080 a∴ E∴ V∴), quando, provavelmente, o mito já era conhecido. A descrição do julgamento dos mortos é, na verdade, o juízo final das doutrinas hebraica, cristã e islâmica. No Tribunal de Osíris as ações do morto vão ser pesadas por Thoth (deus da ciência): tudo o que fez de bem, recolhido por Hórus (deus da sabedoria) e tudo o que fez de mal, recolhido por Anúbis (deus dos infernos). Anúbis era um psicopompo: levava a alma do morto até a sala do julgamento. Já havia, pois, o conceito de céu e inferno. Se prevalecer o bem, a alma do morto é assimilada por Osíris e vai gozar de bem-aventurança. Já existia o conceito de uma vida após a morte: o conceito da imortalidade da alma. Isto teve origem, no Egito, há cerca de 4000 anos. Vale dizer, cerca de 1000 anos antes de Moisés, que pressupostamente introduziu, no culto hebraico, a imortalidade da alma e o juízo final e cerca de 2500 antes da mesma doutrina ser definida pelo cristianismo. Também, cerca de 3000 anos antes, exatamente, da mesma doutrina ter sido definida no islamismo. Com a valorização do culto a Osíris, durante o Médio Império (*circa* 1975 a 1640 a∴ E∴ V∴), houve uma popularização da religião. Os egípcios mais humildes tiveram, então, a perspectiva da vida eterna com uma existência virtuosa. Isto aprimorou a qualidade moral de toda a população. O julgamento dos mortos não mais se limitou aos aristocratas, sacerdotes e faraós. Com a morte de uma pessoa, o defunto enfrenta o julgamento de um tribunal composto por 42 juízes divinos que representavam os 42 deuses dos nomos (divisões territoriais egípcias). Cada um destes 42 juízes julgava o defunto, segundo um dos 42 mandamentos da deusa Ma'at (PER ANKH, 2010). A partir dessa "democratização" da religião, os sacerdotes egípcios ensinavam à população (quase toda analfabeta), por símbolos e alegorias, os valores morais da mitologia do julgamento do Tribunal de Osíris, como se faz hoje na Maçonaria especulativa: instrução de preceitos morais por meio de símbolos, rituais e alegorias.

O Tribunal de Osíris introduz a justiça divina, após a morte, comandada pela deusa Ma'at (Fig. 3). Acredita-se que Ma'at se pronunciava no idioma egípcio (língua da família afro--asiática, parecida com o idioma copta) como Muhaht (ROSS, 2015). Copta era uma língua tardia do século IV E∴ V∴, após não mais se falar egípcio antigo, mas derivada do antigo egípcio, na pronúncia e no significado, tendo sido acrescentada as vogais. Ma'at divinizava a verdade, o equilíbrio, a ordem, a lei, a moral e a justiça. Ma'at definiu a ordem do Universo a partir do caos, no momento da criação. Os primeiros registros sobre Ma'at são textos gravados em pirâmides do Antigo Império ou *circa* 2800 a∴ E∴ V∴. Mais tarde, surgiu o homólogo masculino no panteão egípcio: o deus Thoth, deus da ciência, com atributos semelhantes aos de Ma'at. Eram, então, representados juntos na barca solar. Com a dominação grega no Egito (305 a∴ E∴ V∴), Thoth foi visto representando o Logos (λόγος) de Platão[6] e Ma'at como a expressão da Sabedoria Divina.

No Tribunal de Osíris, Thoth anotava o peso do coração do defunto, onde, acreditava-se, residia a alma. Ma'at foi criada pelos sacerdotes egípcios para atender às necessidades do Estado Egípcio. O desenvolvimento do culto da deusa Ma'at tornou-se a base das leis egípcias, impedindo o caos da época. Vários outros princípios do direito do Egito Antigo foram emulados por Ma'at, incluindo a adesão à tradição, em oposição a constantes mudanças e à importância da equidade e da justiça social (ANDREWS, 2013).

Isto aconteceu antes de 2200 a∴ E∴ V∴. Para a mente egípcia, Ma'at conectava todas as coisas em uma unidade indestrutível, única: o Universo, a Natureza, o Estado e o indivíduo eram vistos como partes de um todo, gerado por Ma'at.

---

[6] Platão (Πλάτων), filósofo e matemático grego, nasceu em Atenas, em 428 a∴ E∴ V∴ e morreu em Atenas, em 348 a∴ E∴ V∴.

6. O TRIBUNAL DE OSÍRIS E A MAÇONARIA:

Na maçonaria especulativa, Ma'at representa um dos atributos do Grande Arquiteto do Universo. Os conceitos básicos do Taoísmo (*circa* século VII a.·. E.·. V.·.) e do Confucionismo (século IV a.·. E.·. V.·.), se assemelham a Ma'at, segundo o professor Oliver James[7] (Brown, 2012). Muitos desses conceitos foram codificados em leis egípcias e discutidos pelos filósofos egípcios antigos, segundo o texto espiritual, conhecido como O Livro dos Mortos.

A Lenda de Hiram originou-se, provavelmente, na Europa, no século XVIII por volta de 1725 na Inglaterra, mas tem muito de origem na questão da morte de Osíris, em Plutarco, que era conhecido. Há quem diga que se originou durante a construção do Templo de Salomão em 960 a.·. E.·. V.·., embora não seja provável. Na Idade Média, não se conhecia, na Europa, a mitologia do julgamento do Tribunal de Osíris, mas era conhecido o relato de Plutarco. Entretanto, as bases morais e as conclusões sobre valores espirituais são, exatamente, as mesmas entre a mitologia do julgamento no Tribunal de Osíris e a Lenda de Hiram: justiça, equidade, lealdade; o conceito de imortalidade da alma e vida após a morte, os conceitos do bem e do mal, etc.

A alegoria do Tribunal de Osíris é utilizada na Maçonaria nos altos graus de muitos ritos, em especial os ritos de origem francesa.

7. CONSIDERAÇÕES FINAIS:

A metodologia usada pelos egípcios para ensinar valores morais, de 4000 anos, é, exatamente, a mesma usada pela Maçonaria especulativa, destinada à instrução moral: alegorias, lendas,

---

[7] Professor Edwin Oliver James, reverendo e antropólogo inglês, doutor em ciências, nasceu em Londres, em 1888 e faleceu em Londres, em 1972. Professor Emérito de Filosofia da Religião da Universidade de Londres. Lecionou na Universidade de Leeds, na Universidade de Amsterdam e na Universidade de Oxford.

desenhos emblemáticos e símbolos. O julgamento do Tribunal de Osíris insere os mesmos valores morais da Lenda de Hiram: justiça, equidade, o conceito de imortalidade da alma e o Grande Arquiteto do Universo.

Mesmo materialistas e agnósticos que não acreditam na imortalidade da alma, mas sabem através da ciência da "imortalidade" do âmago do DNA – os genes que são transmitidos de geração a geração (algo como "imortalidade da alma"), sabem que a vida correta e virtuosa transforma genes em "genes bons". E esses "genes bons" transmitidos a gerações futuras transmitem virtuosidades. Isto é, a alegoria do Tribunal de Osíris vale, também, para materialistas e agnósticos.

Há ainda uma questão fundamental de ordem teológica. É a questão dos mistérios antigos. Esses mistérios antigos possuem uma circularidade. Eles se fecham no tempo. O morto é julgado, vai para o Além e termina sua jornada. Mas o mistério que nunca se fecha é aquele que os crentes religiosos vivem hoje: à espera do julgamento final, descrito na Bíblia e no Alcorão. Isso agoniza o homem e deixa os crentes religiosos como que em suspense. Obviamente, isso tem uma finalidade: pressionar para que se viva, hoje, com virtuosidade. Por isso, no cristianismo e no islamismo perduram o "mistério dos mistérios". Na Maçonaria, embora não tão enfático, há a pergunta no terceiro grau: Hiram reviveu ou somente seu corpo foi recuperado? Ou, ao conhecer a Luz (a sabedoria) Hiram "renasce"? Acredita-se que a resposta a isso é uma questão de foro íntimo, pois a Maçonaria não a responde.

AGRADECIMENTOS:

O Autor agradece as sugestões e correções do Irmão RICARDO CASELLI MONI, da A∴ R∴ L∴ S∴ "Obreiros de Macaé Nº 2075", GOB-RJ, Macaé. Na vida profana é o Técnico Responsável pela Gestão Ambiental das Bases da Bacia de Campos, da Petrobrás.

É profundo conhecedor da história e da cultura do Egito Antigo. Lê correntemente textos em hieróglifos, um verdadeiro Egiptólogo. Sem suas correções, este ensaio não estaria totalmente correto.

REFERÊNCIAS BIBLIOGRÁFICAS:

ANDREWS, M. *"Law and the Legal System in Ancient Egypt"*. Tour Egypt, 2013. Disponível em: http://www.touregypt.net/featurestories/law.htm. Acessado em 7.fev.2016.

BONANNO, M. *"La Duat como espacio de uma dialéctica de la regeneración"*. Tesis de Doctorado (Doctor en Historia). Universidad Nacional de La Plata, Argentina, 2014. Disponível em: http://sedici.unlp.edu.ar/handle/10915/39679. Acessado em 7.fev.2016.

BROWN, D. *"Remembering E O James"*. OXeN, 2012. Disponível em: http://web.archive.org/web/20120205132610/http://www.oxbowbooks.com/feature.cfm/FeatureID/137//Location/Oxbow. Acessado em 7.fev.2016.

BULLEN, M. "Guia Visual da Mitologia no Mundo". **National Geographic Brasil**. São Paulo: Abril, 2010.

DEURER, R. *"The Hall of Maat from The Papyrus of Hunefer (c. 1370 B.C.)"*. The British Museum, London – Galleries of Egypt Art, 2010. Disponível em: http://www.egyptartsite.com/hall1.html. Acessado em 7.fev.2016.

______. *"The Egyptian Book of the Dead"* (Brief Excerpts). The British Museum, London, Galleries of Egypt Art, 2010. Disponível em: http://www.egyptartsite.com/book.html. Acessado em 6.fev.2016.

FADL, A. *"Comparison between The Egyptian Book of the Dead and The Quran"*. Ancient Egypt on a Comparative Method. Aldokkan. 2014. Disponível em: http://www.aldokkan.com/religion/dead.htm. Acessado em 6.fev.2016.

FERREIRA, L. S. *"Livro dos Mortos"* (Livros do Sair à Luz). Antigo.Egito.org, 2010. Disponível em: http://antigoegito.org/livros-dos-mortos-livros-do-sair-a-luz/. Acessado em 6.fev.2016.

FONSECA, J.S. "*O Julgamento de Osíris*". In: Consistório, pp: 144-149. Florianópolis: Delegacia Litúrgica de Santa Catarina. Supremo Conselho do Brasil do Grau 33 para o R∴ E∴ A∴ A∴, s/d.

JACQ, C. "*A Sabedoria Viva do Egito Antigo*". Rio de Janeiro: Bertrand Brasil, 1999.

MILLMORE, M. "*Temple of Ísis at Philae*". Discovering Ancient Egypt, 2016. http://discoveringegypt.com/pyramids-temples-of-egypt/philae-temple/. Acessado em 7.fev.2016.

PER ANKH. "*The Forty Two Commandments – Ma'at – Right and Truth*". The House of Life. Ancient Egypt, Kemet, 2010. Disponível em: http://www.perankhgroup.com/commandments.htm. Acessado em 7.fev.2016.

ROSS, K.L. "*The Pronunciation of Ancient Egyptian*". The Proceedings of the Friesian School, Fouth Series, 2015. Disponível em: http://www.friesian.com/egypt.htm. Acessado em 7.fev.2016.

SCB. "*Ritual do Grau 31*". (Guardião do Bem Público). Rio de Janeiro: Supremo Conclave do Brasil do Rito Brasileiro, 2008.

SCBG 33 REAA. "*Ritual do Grau 31*". (Grande Inspetor Inquisidor Comendador). Rio de Janeiro: Campo de São Cristovão, 2009.

SCG 33 MRFB. "*Ritual do Grau 31*". (Grande Juiz Comendador ou Grande Inspetor Inquisidor Comendador). Rio de Janeiro: Praça Seca. Jacarepaguá.2005.

WALLIS BUDGE, E.A. "*The Book of the Dead*" (The Papyrus of Ani). 1895. Internet at Sacred-Texts, 1960. Disponível em: http://www.sacred-texts.com/egy/ebod/ Acessado em 7.fev.2016.

WALLIS BUDGE, E.A. "*O Livro Egípcio dos Mortos*". 10ª ed. São Paulo: Pensamento-Cultrix, 2006.

ECLESIASTES E A MAÇONARIA

"Vemos que todo este mundo é vaidade,
que a vida é um sonho,
que tudo passa,
que tudo acaba,
e que nós havemos de acabar primeiro que tudo,
e vivemos como se fôramos imortais.
ou não houvera eternidade."
Antônio Vieira[1]

Faz-se abaixo uma pequena análise do ponto de vista maçônico de parte do livro Eclesiastes, vale dizer, análise não-religiosa, adogmática e bastante racional. Eclesiastes é um dos livros sapienciais, hagiógrafo, supostamente escrito pelo Rei Salomão em torno de 950 a∴ E∴ V∴. Eclesiastes origina-se do grego *ekklesia* (εκκλησια) que significa assembleia, reunião, resultando Eclesiastes (εκκλησιαστης) que significa "aquele que fala em assembleia". Em hebraico *Kohelet* (קֹהֶלֶת) significa "o pregador". Trata-se de um livro da sabedoria hebraica, um livro poético. Linguistas modernos acreditam que o livro foi escrito no mínimo por 4 pessoas e escrito após o exílio na Babilônia (em torno de 500 a∴ E∴ V∴). O importante é seu conteúdo.Abaixo, alguns versículos iniciais do Eclesiastes, cap. 1: 2-11 e 14:

> *2. Vaidades das vaidades, diz Eclesiastes, vaidades das vaidades. Tudo é vaidade.*
>
> *3. Que proveito tira o homem de todo o trabalho com que se cansa debaixo do sol?*

---

[1] Antônio Vieira, padre jesuíta, filósofo, escritor e orador português, nasceu em Lisboa, em 1608 e faleceu em Salvador, Bahia, em 1697.

4. Uma geração passa, outra geração vem; mas o mundo continua sempre o mesmo.

5. O sol se levanta, o sol se põe; e volta ao seu lugar para começar tudo outra vez.

6. O vento sopra em direção ao sul, sopra em direção ao norte, dá voltas e mais voltas e acaba no mesmo lugar.

7. Todos os rios se dirigem para o mar, e o mar não transborda. A água volta para onde nascem os rios, e tudo começa outra vez.

8. Todas as coisas levam o homem ao cansaço, um cansaço tão grande que nem se pode contar. Nossos *olhos não se cansam de ver, nem os ouvidos de ouvir.*

9. O que foi é o que será; o que aconteceu é o que há de acontecer. Não *há nada de novo debaixo do sol.*

10. Será que existe alguma coisa de que se possa dizer: "Veja, isso é novo". Não! *Tudo já aconteceu antes, bem antes de nós nascermos.*

Fig. 1 – Rei Salomão. Ilustração de Gustave Doré (1832-1883), ilustrador e pintor francês, no livro Provérbios, 1866

11. Ninguém lembra do que aconteceu no passado; quem vier depois das coisas que vão acontecer no futuro também não vai lembrar delas.

14. Eu tenho visto tudo o que se faz debaixo do sol e digo: tudo é vaidade, tudo é ilusão. É tudo como correr atrás do vento.

Ao repetir que tudo o que existe debaixo do sol, portanto, do mundo criado é vaidade, nada mais que vaidade, é ilusão, é pó, é vento, Salomão lembra de que tudo é efêmero, é passageiro como o vento, é temporário, é transitório. Vaidade em hebraico é הֶבֶל que pode ser traduzido também como "fugaz", "ilusão", "baboseira" ou "bobagem". *Vanitas* em latim é vaidade e que pode ser traduzido também como "vazio". Portanto, tudo debaixo do sol é fugaz, ilusão, baboseira e vazio. Efêmero.

A consciência da efemeridade não é religiosa. Efemeridade do mundo acompanha todos, mesmo os não crentes. Tal consciência permite entender o lugar do homem no cosmos – lugar humilhante para aqueles que acreditam que deveria existir outro lugar nos céus. O lugar do homem no cosmos é o mesmo lugar do pó, do vazio, do vento, da vaidade. Isso afirmou Salomão.

Fig. 2 – Rei Salomão no quadro "Vaidade das Vaidades" (*Vanitas vanitatum*), de Isaak L. Asknaziy, pintor russo judeu, nasceu em 1856 em Disna, Império Russo, atualmente República de Bielorrússia, e faleceu em 1902, em Moscou. O quadro encontra-se no Museu Estatal Russo, em São Petersburgo

A idolatria leva a pensar que ao se fazer promessas aos ídolos, quaisquer que eles sejam, estes ídolos tornam o homem mais poderoso do que é. O principal ídolo do mundo atual é o dinheiro, a riqueza, o consumo material o atual bezerro de ouro citado na Bíblia (Êxodo 32: 1-6).

A fraqueza do homem dificulta a consciência da sua efemeridade por causa do sofrimento evidente que essa fraqueza causa ao homem. O cristianismo, quando separado de sua origem hebraica, coloca Jesus numa relação de retribuição, a teologia da retribuição. Com um salto se transforma em teologia da prosperidade dos neopentecostais e de algumas denominações evangélicas. Isto faz de Cristo mais um ídolo idólatra, herético. A teologia da prosperidade é o atual bezerro de ouro. A crítica da idolatria faz encarar o desespero do vazio, do fugaz, da vaidade.

Obviamente, não se atesta que todos os cristãos são idólatras. Mas a idolatria habita o homem, especialmente a do dinheiro. E o quanto da vaidade e da fugacidade existe na vã tentativa de encontrar ídolos enganosos. Trata-se de uma muleta para a vida. E isto já foi previsto por Salomão há cerca de 3000 anos: "Vaidade das vaidades, tudo é vaidade. Vazio dos vazios. Tudo é vazio. Tudo é fugaz". Para os cristãos, Kohelet repercute numa lição fundamental de Cristo, quando diz: "Com efeito, que aproveitaria o homem ganhar o mundo inteiro e arruinar sua própria vida ?" (Marcos 8: 36).

CONSIDERAÇÕES FINAIS:

Existe uma estreita relação sobre a efemeridade relatada em Eclesiastes e a Maçonaria. A Maçonaria pugna pela prevalência do espírito sobre a matéria. Como não se está escrevendo sobre religião ou crenças, não importa como se define "espírito". Pode-se definir "espírito" religiosamente, e isto é um problema de foro íntimo. Pode-se definir "espírito" como tudo aquilo que não é matéria. Por exemplo: inteligência, mente, raciocínio. E matéria, figurativamente, é o "bezerro de ouro" (Êxodo 32: 22): dinheiro, toda matéria que se pode comprar, consumismo, etc. a grande idolatria do mundo moderno. "Antes que o pó volte à terra de onde veio e o sopro volte à Deus que o concedeu. Vaidade das vaidades, tudo é vaidade" (Eclesiastes 12: 7-8).

Portanto, a Maçonaria pugna pela prevalência do espírito, da inteligência, do raciocínio sobre a matéria, o dinheiro, a riqueza, a teologia da prosperidade. Excluindo este esforço, este combate, de pugnar pela prevalência do espírito sobre a matéria, tudo é vaidade, nada mais que vaidade, tudo é vazio, tudo e fugaz. Como previu o Rei Salomão.

REFERÊNCIAS BIBLIOGRÁFICAS:

ARENS, E. "*A Bíblia sem Mitos*". 3ª ed. São Paulo: Paulus, 2007.

Armstrong, K. "*A Bíblia*". (Uma Biografia). Rio de Janeiro: Zahar, 2007.

BÍBLIA. Nova tradução na linguagem de hoje. Vol. III. Barcelona: ed. Folio, 2008.

BÍBLIA DE JERUSALÉM. 9ª ed. São Paulo: Paulus, 2012.

BÍBLIA SAGRADA. 31ª ed. São Paulo: Ave Maria, 1981.

BOTTON, A. "*Religião para Ateus*". Rio de Janeiro: Intrínseca, 2011.

EHRMAN, B.D. "*Quem Escreveu a Bíblia?*" Rio de Janeiro: Agir, 2013.

HEBREW – English Bible. According to the Masoretic Text. 1917 Edition. Mechon Mamre version, 2016. http://www.mechon-mamre.org/p/pt/pt0.htm. Acessado em 7.fev.2016.

PONDÉ, L.F. "*Os Dez Mandamentos (mais um)*". São Paulo: Três Estrelas, 2015.

SAVATER, F. "*Os Dez Mandamentos para o Século XXI*". Rio de Janeiro: Ediouro, 2005.

PROVÉRBIOS E A MAÇONARIA

"Não será difícil ser humilde quando se é grande.
Difícil é ser humilde quando se é medíocre.
Todo medíocre é orgulhoso".
Vergílio Ferreira[1]

Provérbios é um livro da Bíblia, supostamente escrito pelo rei Salomão e por outros, segundo linguistas modernos, entre 950 e 500 a.·. E.·. V.·.. É um dos livros sapienciais, considerado parte da sabedoria hebraica. Há várias partes. As partes mais antigas referem-se aos Provérbios de Salomão (caps. 1 a 29), atribuídos a Salomão e a "Sábios Anônimos". O cap. 30 é atribuído a Agur (segundo a Bíblia: filho de Jaces, de Massa) e o cap. 31 é atribuído a Lamuel (segundo a Bíblia: rei de Massa). Massa ou Massah é um dos locais que a Torá identifica como tendo sido percorrido pelos hebreus durante o Êxodo. Massah é mencionado ao mesmo tempo que Meribá, o que leva alguns a acreditar que Massah e Meribá se referem ao mesmo local. Massah é, também, uma tribo israelita que habitava o norte da Arábia. Há autores que dizem que Agur e Lamuel são nomes fictícios de sábios árabes, e não personagens reais. Quem escreveu Provérbios quis, então, atestar o valor que se dava à sabedoria estrangeira. O nome do livro Provérbios em hebraico é מִשְׁלֵי (Provérbios).

1 Vergílio António Ferreira, escritor português, nasceu em Gouveia, Beira Alta, em 1916 e faleceu em Lisboa, em 1996. Em 1979, sagrou-se Grande Oficial da Ordem Militar de Sant'Iago da Espada. Em 1992, ganhou o Prêmio Camões, o mais importante prêmio de literatura lusófona.

Provérbios é o primeiro estágio da sabedoria que lembra a sensata verdade. Os antepassados sabiam o que estavam fazendo. Segundo a Bíblia, 2008, pág.873: "Provérbios, Introdução: .... Os provérbios revelam a sabedoria dos antigos mestres israelitas sobre o que a pessoa sábia deve fazer em certas situações". Hoje, que predomina a arrogância, a insolência do saber científico e tecnológico, vale dizer, as coisas materiais, é evidente que o reconhecimento dos valores dos antigos, dos ancestrais, é uma confissão de humildade, de sobriedade e de recato. Salomão já havia dito isso, supostamente, há três milênios. A Maçonaria afirma algo semelhante quando prescreve a prevalência da tradição, consubstanciada nos rituais com cerca de 300 anos de idade, nas Antigas Obrigações (*Old Charges*) de diversas épocas, as mais antigas com 1000 anos de idade, sobre os regulamentos, normas e leis maçônicas atuais.

Fig. 1 – Rei Salomão, ícone russo do início do século XVIII. Iconóstase (biombo divisório decorado com ícones) do Monastério de Kizhi (ilha no lago Onega, Karelia, noroeste da Rússia)

Uma das idolatrias modernas, verdadeiro culto a ídolos heréticos, é a convicção de que se pode vencer as dificuldades sociais e comunitárias através do desenvolvimento técnico-científico. Crê-se, na atualidade, na potencialidade e na habilidade crescente da ciência e da tecnologia para resolver e sanar graves problemas morais e sociais. Essa crença se materializa, por exemplo, no objetivo de fazer os computadores pensarem, transformando o homem num "criador" de inteligências artificiais; os pensamentos artificiais. Define-se inteligência artificial como o estudo e o projeto de agentes inteligentes, sendo agente inteligente um sistema que percebe e reconhece seu ambiente e toma atitudes e decisões. Mas isso é programado, pré-programado. Isso não é o pensamento artificial. O pensamento é aquele do programador que, através de lógica matemática, determina qual atitude a máquina deve tomar. Máquinas inteligentes, portanto, não são máquinas que pensam, mas que usam lógica matemática programada, e programada por um ser humano, o programador. Se uma máquina percebe um ambiente que não consta em sua memória, não saberá que atitude tomar. Toda inteligência artificial é, pois, muito limitada. Pensamento artificial é uma utopia, se diferente dessa lógica programada. Não existe filosofia artificial.

O consentimento da verdade dos antigos e o reconhecimento da filosofia dos clássicos revelam um sentido de humildade e de modéstia que o livro Provérbios e a Bíblia hebraica definem muito bem. O orgulho, a arrogância, o materialismo, a soberbia, a insolência, a vaidade, a imodéstia, a altivez, o entono e a filáucia (amor desmedido de si próprio) é seu oposto, seu reverso. Obviamente, esses conceitos não são privilégio da Bíblia ou de Provérbios. Quando popularmente se diz que alguém está "cego de ódio", quer dizer que o ódio, a arrogância, altera a percepção da realidade.

O homem mais inteligente é humilde, mais subordinado a aprender, mais dependente da instrução e mais aberto para receber conhecimento e sabedoria. A relação entre inteligência e moral já foi estudada por Platão[2]. Platão diz que nada é mais falso do que o altivo e arrogante se considerar mais inteligente e, consequentemente, moralmente melhor.

---

[2] Platão (Πλάτων) filósofo e matemático grego nasceu em *circa* 428 a∴ E∴ V∴ em Atenas e faleceu em 347 a∴ E∴ V∴.

Na verdade, acontece o contrário, segundo Platão: se um homem é substanciosamente moral, torna-se mais inteligente, pois entende melhor as pessoas e é, consequentemente, mais humilde.

Isso é exatamente o que diz o livro dos Provérbios: existe sabedoria moral, erudição moral, acumulada dos antepassados e dos ancestrais e, com esse saber dos antepassados, o homem compreende melhor a si próprio e aos outros. Consequentemente, entende melhor o mundo e a humanidade. Esse é o ensinamento da tradição maçônica: os antigos, aqueles que escreveram e compilaram os rituais (e não existe um autor ou autores de rituais), compilaram os Antigos Deveres, sabiam o que estavam fazendo. Quando um Mestre Maçom entende os significados dos rituais, o porquê, para que, compreende os símbolos e seus ensinamentos, entende melhor a si próprio, aumenta as virtudes e os valores de seu ser interior e, extravasando, entende melhor os outros, o mundo e a humanidade.

CONSIDERAÇÕES FINAIS:

Obviamente, o que foi escrito acima é apenas uma pequena parte de todos os ensinamentos de Provérbios. E são muitos.

A moral bíblica e a moral ensinada implicitamente pelos rituais maçônicos não é a moral dos "bonzinhos". Mas a de quem atravessa os infernos da alma, as agruras do deserto de si mesmo, rumo à terra de Canaã, à terra prometida, à virtude do eu interior ou o lapidar da pedra bruta.

A humildade, a modéstia representa o oposto do orgulho, da arrogância, da imponência, da soberba, do *hýbris*, que cega o homem por querer negar o medo íntimo da insuficiência ontológica essencial, da incompetência de sua mente e do desprovimento e da ausência de inteligência. *Hýbris* ou *húbris* (em grego ὕβρις) é um conceito grego que pode ser trduzido como "tudo aquilo que passa da medida" ou "descomedimento", alude a uma confiança excessiva, um orgulho, presunção, arrogância e insolência (FISHER, 2003). Cego pelo orgulho, pela arrogância, pelo materialismo, pelo dinheiro, o homem se torna incapaz de perceber que tem medo de compreender de que é insuficiente e de tomar consciência de que é medíocre. O homem acredita ser um deus criador, pois domina a tecnologia. Como absolutamente não é, se revolta, se subleva. A única saída, religiosa ou não religiosa, é perceber que o homem é pó, é cinza, é insignificante, é efêmero. Por que o homem não cultua as virtudes? Por que não constrói seu templo interior? Por que não faz o polimento de sua pedra bruta? Para cultuar virtudes e polir sua pedra bruta é necessário grande porção de humildade.

> *Melhor que o ouro é adquirir sabedoria, e adquirir discernimento é melhor que a prata.* Provérbios 16: 16.

REFERÊNCIAS BIBLIOGRÁFICAS:

ARENS, E. "*A Bíblia sem Mitos*". 3ª ed. São Paulo: Paulus, 2007.

ARMSTRONG, K. "*A Bíblia*". (Uma Biografia). Rio de Janeiro: Zahar, 2007.

BÍBLIA. Nova tradução na linguagem de hoje. Vol. III. Barcelona: ed. Folio, 2008.

BÍBLIA DE JERUSALÉM. 9ª ed. São Paulo: Paulus, 2012.

BÍBLIA SAGRADA. 31ª ed. São Paulo: Editora Ave Maria, 1981.

BOTTON, A. "*Religião para Ateus*". Rio de Janeiro: Intrínseca, 2011.

EHRMAN, B.D. "*Quem Escreveu a Bíblia ?*" Rio de Janeiro: Agir, 2013.

FISHER, N. "*The law of hubris in Athens*". Nomos: Essays of Athenian Law, Politics and Society, Cambridge University Press, 2003. Disponível em: https://books.google.com.br/books?id=3nCSw5Cr4PUC&pg=PA123&lpg=PA123&dq=2.%09%22The+law+of+hubris+in+Athens.%22+Nomos+:+Essays+in+Athenian+Law,+Politics,+and+Society&source=bl&ots=tADBKVGv8G&sig=ziIuVhg=48-RDsoWYaEaRtX6A9EA&hl=en&ei-AhnBTsDRN8yJsAKVvP3OBA&sa=X&oi=book_result&ct=result#v=onepage&q&f=false Acessado em 7.fev.2016.

HEBREW – ENGLISH BIBLE. According to the Masoretic Text. 1917 Edition. Mechon Mamre version, 2016. Disponível em: http://www.mechon-mamre.org/p/pt/pt0.htm Acessado em 7.fev.2016.

PONDÉ, L.F. "*Os Dez Mandamentos (mais um)*". São Paulo: Três Estrelas, 2015.

SAVATER, F. "*Os Dez Mandamentos para o Século XXI*". Rio de Janeiro: Ediouro, 2005.

DNA DE MACACOS E AS OBEDIÊNCIAS MAÇÔNICAS

Além da educação e das instruções que tivemos,
é a tradição que faz de nós aquilo que somos.
Albert Einstein[1]

1. INTRODUÇÃO:

Este ensaio tem como objetivo discutir alguns aspectos das Obediências. Primeiramente, discorre-se sobre a dispersão dos continentes e o DNA de macacos. Neste ponto, aproveita-se para apresentar um ensaio com divulgação científica, perfeitamente documentada. Estabelece-se, também, uma conexão entre o DNA de macacos e as diversas Obediências maçônicas, enfocando, especialmente, as três Obediências regulares brasileiras. Termina-se com as considerações finais.

2. MACACOS E A DISPERSÃO DOS CONTINENTES:

Existem macacos em todos os continentes, exceto na

---

1 Albert Einstein, físico teórico alemão, nasceu em Ulm, Estado de Baden-Württemberg em 1879 e faleceu em Princeton, EUA, em 1955. Desenvolveu a teoria da relatividade geral e a mecânica quântica. Prêmio Nobel de Física, 1921. Provavelmente, foi maçom.

Antártida. O mesmo ocorre com crocodilos e outras espécies, mas não ocorre com todas as espécies. Uma das hipóteses para o fenômeno da existência de macacos em todos os continentes é que havia, em épocas remotas, um só continente.

Em 1915, Alfred Wegener[2] propõe a teoria da deriva continental. Wegener inicialmente observou a existência de fósseis de animais e plantas idênticos em ambos os lados do Atlântico Sul. Observou, também, estruturas geológicas idênticas em ambos os lados do Atlântico Norte (Montes Apalaches, nos EUA e terras altas escocesas) e no Atlântico Sul (África do Sul e Santa Catarina, Brasil). Observou, ainda, vestígios glaciares em continentes de clima tropical. Encontrou fósseis de plantas tropicais na ilha Spitsbergen pertencente à Noruega, no Ártico. Observou rochas do mesmo

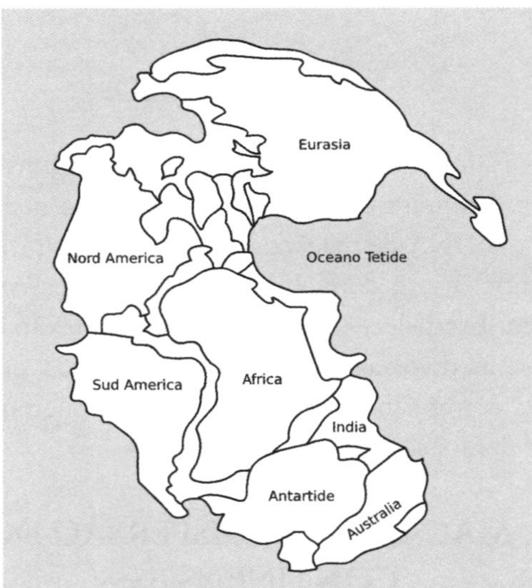

Fig. 1 – Mapa de Pangeia com o nome dos continentes (há 300 milhões de anos)

---

[2] Alfred Lothar Wegener, geofísico e meteorologista alemão, nasceu em 1880, em Berlim e faleceu em Clarinetania, centro da Groelândia, durante uma expedição, em 1930. Fez seu doutorado em astronomia, em 1905, na Universidade de Humboldt, Berlim.

tipo e idade que se formaram ao mesmo tempo em diversos continentes. Publicou, então, em 1915, "A Origem dos Continentes e Oceanos" (*Die Entstehung der Kontinente und Ozeane*). Afirmou que, há 300 milhões de anos, havia uma única massa continental que chamou de Pangeia ou Pangeae (do grego "toda terra"). A teoria de Wegener só foi confirmada em 1940. Contudo, a primeira menção da existência de uma só massa continental, é atribuída ao flamengo Abraham Ortelius[3], em 1596, em sua obra *Thesaurus Geographicus*. A ideia não passou de uma curiosidade na época e não produziu consequências.

Segue a primeira divisão da Pangeia, entre Gondwana (América do Sul, África, Austrália, Índia e Antártida) e Laurasia (América do Norte, Europa, Ásia e Ártico), provavelmente, há 184 milhões de anos.

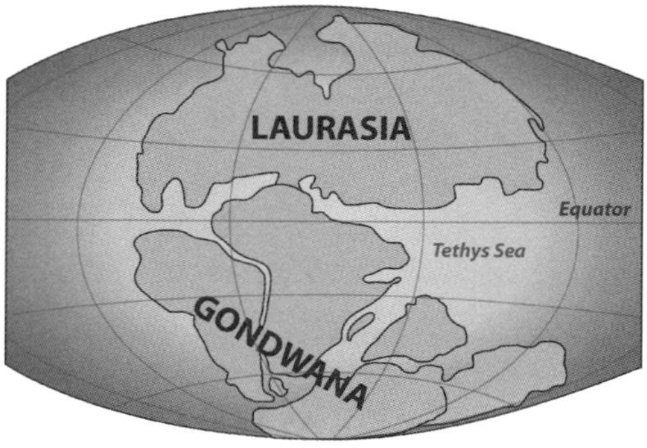

TRIASSIC
200 million years ago

Fig. 2 – Mapas da Gondwana e Laurasia

Há 84 milhões de anos, houve a fragmentação de Gondwana e depois da Laurasia. A Índia era uma grande ilha que,

[3] Abraham Ortelius, cartógrafo e geógrafo flamengo, nasceu em 1527, em Antuérpia, hoje Bélgica e faleceu em 1598, em Antuérpia. Reconhecido como o criador do primeiro atlas moderno.

posteriormente, chocou-se violentamente com a Ásia, formando a cordilheira do Himalaia. Quando do deslocamento da Índia, deslocou-se, também, a ilha de Madagascar. O movimento das placas tectônicas foi o responsável pelos abalos sísmicos e atividades vulcânicas que provocou todos esses deslocamentos. Desde então, os continentes estão lentamente à deriva. A Fig. 3 mostra alguns fósseis encontrados em diversos continentes, base da teoria de Wegener.

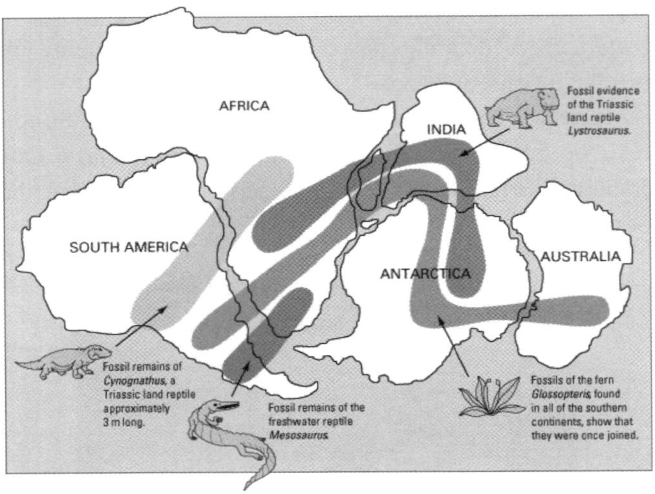

Fig. 3 – Evidência de fósseis encontrados em Gondwana (U.S. Geological Survey

3. DNA DE MACACOS:

3.1. PRIMEIRA HIPÓTESE:

Com o desmembramento da Pangeia, os macacos e crocodilos foram "distribuídos" nas massas continentais formadas. Isso ocorreu há, aproximadamente, 184 milhões de anos. Esta é uma primeira hipótese do porquê da existência de macacos em todos os continentes. Não se sabe porque isso não aconteceu com todas as espécies, mas somente com algumas.

Essa hipótese é comentada e criticada mais abaixo.

3.2. SEGUNDA HIPÓTESE:

Na segunda hipótese, macacos e crocodilos surgiram, igualmente, em todos os continentes, exceto na Antártida. O mesmo se deu com outras espécies, mas não com todas. Isto demonstra que a maioria das espécies está onde sempre esteve.

Em ambas as hipóteses, hoje, as diferenças encontradas entre macacos nas subespécies são por conta de evoluções diferentes. O mesmo ocorre com outras espécies. É de se notar que os mamíferos evoluem mais rápido do que as outras espécies; são mais adaptáveis. Essas duas hipóteses não explicam, entretanto, o porquê, dos ornitorrincos viverem somente na parte ocidental da Austrália; os cangurus em toda a Austrália e as lhamas são naturais apenas na América do Sul. Assim, como não existiam cavalos e camelos, nas Américas, antes de Colombo. Há outras espécies que negam as duas hipóteses: nem foram "distribuídas" entre as massas continentais, nem surgiram igualmente em todos os continentes.

Esses fatos descritos não ocorrem somente entre macacos e crocodilos e algumas outras espécies, mas, também, com vegetais. Há vegetais em todos os continentes e algumas espécies de vegetais só existem em determinados continentes.

A primeira hipótese vem abaixo, também, com o seguinte raciocínio lógico. Em torno de 66 milhões de anos atrás, houve, provavelmente, um grande cataclismo mundial, qual seja, um meteoro gigante caiu na península de Yucatán, México, formando o que se conhece como cratera de Chicxulub, com diâmetro de 180 Km. Segundo o físico Luis Walter Alvarez[4] e seu filho, o geólogo Walter Alvarez[5], esse grande impacto causou a extinção dos dinossauros

---

[4] Luis Walter Alvarez, físico experimental norte-americano de ascendência espanhola, inventor e professor, nasceu em 1911, em *San Francisco, California* e faleceu em 1988, em *Berkeley, California*. PhD em física pela Universidade de Chicago, em 1936. Trabalhou com raios X nas pirâmides do Egito, descobrindo câmaras desconhecidas. Foi professor da Universidade da Califórnia, Berkeley. Prêmio Nobel de Física, em 1968.

[5] Walter Alvarez, geólogo norte-americano, nasceu em 1940, em *Berkeley, California*. É professor de Ciências Planetárias e da Terra, na Universidade da Califórnia, em Berkeley. É

e de espécies animais e vegetais. Há cientistas que acreditam que não houve apenas um impacto, mas múltiplos impactos de muitos meteoros em todo o mundo, na mesma época. Logo, essa extinção ocorreu depois da deriva dos continentes, o que invalida a primeira hipótese – os macacos não poderiam ter sobrevivido após 184 milhões de anos. Há uma curiosidade inexplicável: as rãs não foram extintas há 66 milhões de anos, sendo, talvez, o único animal multicelular a sobreviver à extinção. Isso pode ser provado pelos relógios moleculares. Entretanto, ninguém sugere o porquê dessa exceção. Talvez os répteis e anfíbios pudessem viver sob água, usando-a como proteção. Isto é apenas uma especulação.

Passo seguinte: nos anos 80, foi conhecida a existência do DNA em todos os seres vivos. O DNA ou ADN – ácido desoxirribonucleico foi descoberto pelo norte-americano James Watson[6] e pelo britânico Francis Crick[7] em 1953, ambos prêmios Nobel de Fisiologia e Medicina em 1962 pela descoberta. O DNA é o depositário de informações genéticas herdadas e desenvolvidas por um ser vivo. O DNA desenvolve mutações. Mutações são mudanças nas sequências dos nucleotídeos do material genético de um organismo vivo. Mutações podem ser causadas por erro de cópia do material durante divisão celular ou por agentes externos como radiações, mutagênicos químicos ou vírus. As mutações podem passar para os descendentes.

Mutações geram variações no conjunto de genes da população. Mutações desfavoráveis (ou deletérias) podem ter sua

---

conhecido pela sua teoria de que os dinossauros foram mortos pelas consequências do impacto de um asteroide, desenvolvido com a colaboração de seu pai, Luis Walter Alvarez. PhD em geologia pela Universidade de Princeton, em 1967.

6 James Dewey Watson, biólogo molecular, geneticista e zoólogo norte-americano, nasceu em 1928, em Chicago, Illinois. PhD pela Universidade de Indiana, em 1950. Codescobridor da estrutura do DNA em 1953. Prêmio Nobel em 1962.

7 Francis Harry Compton Crick, OM, FRS, biólogo molecular, biofísico e neurocientista britânico, nasceu em 1916, em *Weston Favell, Northamptonshire*, Inglaterra e faleceu em 2004, em San Diego, Califórnia. (OM = Ordem do Mérito Britânica; FRS = *Fellow of the Royal Society of London*). PhD pelo *Gonville and Caius College*, Universidade de Cambridge. Codescobridor da estrutura do DNA em 1953. Prêmio Nobel em 1962.

frequência reduzida na população por meio da seleção natural. Mutações favoráveis (ou benéficas) podem se acumular, resultando em mudanças evolutivas adaptativas. As mutações permitem o mecanismo de ação da seleção natural, favorecendo características vantajosas que sobrevivem e se multiplicam nas gerações subsequentes. Certas mutações (como as consequências de radiações ionizantes) podem provocar a malignidade da célula e, em consequência, causar carcinomas.

Foram descobertos, então, os chamados relógios moleculares. Relógio molecular é uma técnica em evolução molecular para relacionar o tempo de divergência entre duas espécies com o número de diferenças moleculares medidas entre as sequências de DNA ou proteínas. As moléculas evoluem numa taxa aproximadamente constante. Trata-se de uma ferramenta universal para investigar o passado de processos evolutivos. Fornece estimativas de tempo de eventos da história evolutiva como, por exemplo, origens e diferenciação de espécies animais e vegetais e quando ocorreu essa diferenciação. Os relógios moleculares foram desenvolvidos, especialmente, em primatas. Permite, por exemplo, determinar quando uma determinada etnia emigrou e se diferenciou por adaptações genéticas. Qual a origem de determinado grupo indígena? De onde e quando emigraram?

Esta técnica foi proposta pelo químico Linus Pauling[8] e pelo biólogo Emile Zuckerkandl[9] em 1962. A técnica foi aprimorada pelos biólogos japoneses Motoo Kimura[10] e Tomoko Ohta[11], em

---

[8] Linus Carl Pauling, químico, bioquímico e pacifista norte-americano, nasceu em 1901, em Portland, Oregon e faleceu em 1994, em Big Sur, Califórnia. Foi autor e educador, e um dos fundadores da química quântica e da biologia molecular. PhD pela Caltech (*California Institute of Technology*), Pasadena, Califórnia. Foi professor na Caltech, na Universidade da Califórnia em San Diego e em Stanford. Prêmio Nobel de Química em 1954 e Prêmio Nobel da Paz em 1962. Foi a única pessoa a receber dois prêmios Nobel, ambos não compartilhados com ninguém. Foi um dos maiores cientistas do século XX.

[9] Émile Zuckerkandl, biólogo, considerado um dos fundadores da Evolução Molecular, nasceu em *Vienna*, em 1922 e faleceu em Palo Alto, Califórnia, em 2013. Com Linus Pauling definiu o relógio molecular que possibilitou a teoria neutral da evolução molecular. Judeu perseguido,

1968 e 1973. Permite datar fósseis. Tem sido usada, também, para o estudo de doenças virais emergentes e para verificar a data das linhagens virais. Isso fornece a história das epidemias de vírus existentes. Deve-se informar, entretanto, que a datação fornecida pelo relógio molecular é imprecisa. A imprecisão depende de conhecimentos sobre referenciais. Fornece, entretanto, uma evidência aproximada da data em que o evento ocorreu.

Estudando o DNA e os relógios moleculares de macacos de diversos continentes, descobriu-se que as diferenças de subespécies nos diversos continentes surgiram muito tempo depois das separações continentais. Essa diferença é mais recente do que os 184 milhões de anos da separação continental. Em macacos, achou-se, pelo relógio molecular, uma idade de 27 milhões de anos, do início da diferenciação molecular, a diferenciação mais antiga. Acrescentaram-se muitas outras diferenciações moleculares mais recentes. Acresce o fato de que essas diferenças das subespécies entre macacos não se deram numa só época, mas os relógios moleculares indicam que as diferenças ocorreram em épocas distintas. Isso invalida a primeira hipótese da origem das diferenças das subespécies dos macacos: não foi a separação continental.

Fig. 4 – Linus Pauling. Homenagem a um dos maiores cientistas do século XX (vide nota de rodapé nº 8)

transferiu-se para a França e depois para os EUA. Retornou a Sorbonne para completar seu PhD, em 1947. Foi para a Califórnia trabalhar com Linus Pauling. Obteve a nacionalidade norte-americana.

[10] Motoo Kimura, biólogo japonês, nasceu em 1924, em Okazaki, Japão e faleceu em 1994, em *Tokyo*, Japão. PhD pela Universidade de Wisconsin. Foi o introdutor da teoria neutral da evolução molecular em 1968. Foi cientista do *National Institute of Genetics*, Japão. Membro estrangeiro da *Royal Society*, Londres.

[11] Tomoko Ohta, geneticista japonesa que trabalha em evolução molecular. Nasceu em 1933, em Miyoshi, Aichi. Ph.D. pela Universidade do Estado da Carolina do Norte, 1967. É cientista do *National Institute of Genetics*, Japão.

Restou a segunda hipótese que, por sua vez, não explica muitos outros fatos relatados acima.

Um comentário: a idade de 27 milhões de anos medida por relógios moleculares pode ter um erro de aproximadamente 20% para mais ou menos. A idade da separação continental, 184 milhões de anos, pode ter 10% de erro, para mais ou para menos. Considerando a pior situação em ambos os casos, tem-se a diferenciação mais antiga medida por relógios moleculares que é de 27 + 20% = 32,4 milhões de anos. E para a fragmentação continental: 184 – 10% = 165,6 milhões de anos. Isto é, a diferenciação de subespécies de macacos é 5 vezes menor do que a data da separação continental. Vale dizer ainda, que as medidas sejam imprecisas; a diferença de 5 vezes é muito significativa para invalidar a primeira hipótese. Observe que isso vale apenas para macacos.

3.3 TERCEIRA HIPÓTESE:

Em 2013, o biogeógrafo norte-americano Alan de Queiroz[12] sugeriu a terceira hipótese. Em seu livro, *The Monkey's Voyage, How improbable journeys shaped the history of life*, Queiroz sugere várias hipóteses de viagens intercontinentais de macacos através de oceanos. Como? Sugere histórias muito improváveis, mas possíveis: macacos atravessando oceanos em jangadas acidentais ou em icebergs. Hipótese improvável, mas

Fig. 5 – Alan de Queiroz, numa foto enviada para o Autor deste ensaio

[12] Alan de Queiroz, biólogo evolucionário norte-americano, ascendência latino-americana, professor adjunto da Universidade de Nevada, Reno.

não impossível. Este Autor entrou em contato com Dr. Queiroz e encontrou o Dr. Queiroz muito humilde e aberto a críticas e discussões. Solicitou que lhe enviasse este ensaio para sua leitura. Tem curiosidade em saber o que sua hipótese tem a ver com a Maçonaria. Diz Dr. Queiroz: "eliminando o impossível, o que quer que reste, por mais improvável que seja, deve ser a verdade". Se os macacos não estavam em todos os continentes desde sempre e hoje estão, com relógios moleculares indicando diferenças entre as subespécies ocorridas em épocas diferentes, forçosamente chegaram, aos diversos continentes, singrando mares nunca dantes navegados. A nova hipótese reforça a existência de fenômenos aleatórios casuais, para horror dos físicos e dos teólogos.

Os ornitorrincos, os cangurus, as lhamas, os camelos, os cavalos e outras espécies não tiveram a mesma oportunidade. Os elefantes, muito menos. A história de macacos singrando mares nunca dantes navegados, muito tempo antes dos navegadores lusitanos, é extraordinária; parece ficção, mas a ideia nasceu de um cientista respeitável. A partir da chegada desses símios navegadores, houve a adaptação necessária ao novo habitat e, com o tempo, uma evolução diferenciada.

Esta terceira hipótese não explica o caso dos crocodilos.

Há outras críticas com respeito a esta terceira hipótese. Existem 483 subespécies de macacos em todo o mundo. Em Madagascar e na Austrália, existem populações diferentes de macacos, consideradas exóticas, que não emigraram a parte nenhuma. Essas duas populações permaneceram isoladas uma em Madagascar e outra (diferente) na Austrália. Provavelmente, evoluções particulares por isolamento. Isto não é explicado nessa terceira hipótese. A possibilidade de migração entre Madagascar e a África do leste seria muito grande, dada a proximidade continental (400 Km). Em contato com o Dr. Queiroz, ele disse não saber o porquê, isto é, não conhecer a hipótese do porquê. Um mistério como tantos que existem na Maçonaria.

O que estas hipóteses têm a ver com a Maçonaria e suas Obediências? Aguarde o próximo item.

4. AS DIFERENÇAS DE DNA ENTRE AS OBEDIÊNCIAS MAÇÔNICAS:

Deve-se afirmar que maçons nada têm a ver com macacos. O Autor propõe uma analogia especulativa entre o desenvolvimento das diversas Obediências neste mundo e o que foi relatado nos itens anteriores. A Obediência mãe, com DNA original, foi a Grande Loja de Londres, organizada em 1717. Dela, derivaram as demais Obediências em todo o mundo. Do ritual usado pela Grande Loja de Londres, derivaram o Rito Schröder, o Rito Moderno (então conhecido como Rito Francês) e, mais tarde, o Ritual de Emulação. Logo depois, surgiram várias obediências no continente europeu. As Obediências "singraram" oceanos, distribuindo o DNA original a todo o planeta. Da Loja dos Antigos, derivou o Rito de York norte-americano. A partir de 1813, com a formação da Grande Loja Unida da Inglaterra, foi unificada a noção de reconhecimento e depois a de regularidade.

Com a distribuição do DNA original, houve adaptações. Inicialmente, a tradução dos rituais nos diversos idiomas de operação. É certo, entretanto, que muitas traduções estão incorretas. Houve, entretanto, o que se pode chamar de conservação da essência do DNA, nos rituais do simbolismo. Observe que, em todas as Obediências regulares e em todos os ritos reconhecidos, a essência do DNA é a mesma: abertura da Loja ritualisticamente, algo para criar a egrégora em Loja aberta, ou se não egrégora, um ambiente muito fraterno; os mesmos símbolos, especialmente, os básicos (as ferramentas); as mesmas alegorias, instruções muito semelhantes; sinais muito semelhantes (mas não iguais); palavra final do Venerável Mestre (ou Mestre da Loja) e fechamento ritualístico da Loja. Os sinais, ainda que pouco diferentes em cada rito, têm seu DNA

Fig. 6 – Capa do livro de Alan de Queiroz

preservado: sinal gutural, sinal cordial e sinal ventral. Igualmente, a essência do DNA foi conservada nas iniciações, elevações (ou passagens) e exaltações (ou elevações): um juramento (ou compromisso), alegorias muito semelhantes e a transmissão dos segredos, toques, palavras e sinais do grau. Praticamente, as mesmas palavras sagradas e palavras de passe, todas de origem hebraica. Isso ocorre em todos os ritos e rituais reconhecidos de todas as Obediências regulares.

Aqui, cabe um parêntesis: o que se entende por egrégora na Maçonaria? Egrégora é uma palavra grega ἐγρήγοροσ (*égrègora*) que significa, originalmente, o substantivo de velar ou cuidar. Pode-se definir egrégora como uma "energia" (sentido simbólico, não físico), consequência da junção, do encontro, de várias "energias" individuais positivas direcionadas no mesmo sentido. É formada pela afluência de sentimentos comuns, das aspirações e anseios individuais dos membros do grupo. É um clima coletivo, ambiente mental e psíquico, formado inconscientemente, e resultado do conjunto de sentimentos, emoções e pensamentos sintonizados de um grupo, reunido num só local, direcionado para elaboração de uma atmosfera virtuosa. É comum encontrar egrégoras em ambientes religiosos, ambientes místicos, bem como, em sessões maçônicas racionais. Muitos neurologistas denominam a egrégora de "redes do diencéfalo" ou "redes intercerebrais". Outros a denominam de "inconsciente coletivo", mas esta denominação é incompleta; não abrange todo o ambiente mental formado numa egrégora. É, na verdade, uma comunhão sintonizada. Um parêntesis: este Autor não sabe se egrégora é um substantivo feminino ou masculino; não existe nos dicionários do idioma português. Em grego, é masculino, mas na Maçonaria costuma-se usá-la no gênero feminino. Em espanhol, "*egregor*" é masculino (VÉLEZ, 2010). Em francês, "*égrégore*" é masculino. Outro ponto importante: não se usa egrégora no Rito Moderno.

Houve, também, evoluções genéticas "legais" ou regulares nos rituais, especialmente nos altos graus (graus filosóficos) ou graus colaterais. Essas evoluções podem ser mais evidentes nos ritos nacionais: Rito Sueco, Rito Mexicano, Rito Eclético Lusitano (hoje extinto) e Rito Brasileiro. São as mutações favoráveis ou benéficas. Provocam mudanças evolutivas adaptativas, como no DNA. Têm-se, também, evoluções "ilegais" nos rituais, invencionices, embusteirices. São mutações genéticas desfavoráveis (ou deletérias) que levam a enfermidades no DNA, podendo ocasionar tumores, como ocorre, analogamente, nos seres vivos. Na Maçonaria, são mutações ocasionadas por "achismos", isto é, teorização sem nenhuma base, fundamentada no subjetivismo do "eu acho que", aplicável aos rituais.

Deve-se mencionar, entretanto, que existe um movimento mundial de "volta às origens"; vale dizer, retornar os rituais ao DNA existente no início do século XIX ou anterior. Isso ocorre, no Brasil, especialmente no Rito Schröder, no Ritual de Emulação e, em menor nível, no Rito Moderno. Há fatos insulares parciais de tentativas de retorno à origem no Rito Escocês Antigo e Aceito. O Ritual de Emulação é o único, no mundo, a ter uma Loja curadora, isto é, uma Loja que está legalmente incumbida, em escala mundial, de cuidar dos interesses, interpretar e manter, conservar, a pureza do ritual tal como ele foi elaborado em 1816. Trata-se da *Emulation Lodge of Improvement* (Loja de Emulação e Aperfeiçoamento) com sede em Londres e fundada em 1823. É o único "rito" que tem uma autoridade mundial que não permite modificações e "achismos".

Há uma atuação notável no Rito Schröder no Brasil. Desde 1997, com a formação do Colégio de Estudos do Rito Schröder, com a participação das três Obediências regulares brasileiras, procura-se a pureza do rito, buscando as origens de 1801, com a adoção (da versão de 1960) traduzida do ritual usado na Loja Absalão das Três Urtigas nº 1 (*Absalom zu den Drei Nesseln*) de Hamburgo, fundada em 1737. O ritual de 1801, revisado por F.L. Schröder em 1816, foi adotado originalmente pela Grande Loja de Hamburgo que hoje é representada pela Grande Loja dos Maçons Antigos, Livres e Aceitos Alemanha (*GLAFuAMvD*), uma das Potências integrantes das Grandes Lojas Unidas da Alemanha (*Vereinigte Großlogen von Deutschland*). A autenticidade e a pureza dos rituais, vale dizer, seu DNA, devem ser preservado, evitando mutações genéticas espúrias.

As três Obediências regulares brasileiras têm, em princípio, a preocupação de retornar à pureza do rito. São elas: o GOB, fundado em 1822, a mais antiga e a única com um governo central federado; as Grandes Lojas, dissidência de 1927, formam a Confederação da Maçonaria Simbólica do Brasil (CMSB) com 27 Grandes Lojas, uma em cada Estado; e os Grandes Orientes independentes, dissidência de 1973, formam a Confederação Maçônica do Brasil (COMAB) com 21 Grandes Orientes independentes. Por que são regulares? Não se deve confundir regularidade com reconhecimento. As três Obediências brasileiras são regulares porque cumprem, perfeitamente, os oito itens de regularidade maçônica ditados pela Grande Loja Unida da Inglaterra. A GLUI estabeleceu, em 1929, os critérios vigentes na atualidade, que devem cumprir as Obediências que desejam ser consideradas regulares, primeiras condições para o reconhecimento:

1. "A Obediência deve ter sido legalmente estabelecida por uma Grande Loja regular ou por três ou mais Lojas, funcionando sob os auspícios de uma Grande Loja regular." As três Obediências brasileiras cumprem esse critério;

2. "A Obediência haverá de ser realmente independente e possuir um governo próprio com autoridade não discutida sobre os graus simbólicos da Franco-maçonaria (ou seja, Aprendiz, Companheiro e Mestre) sob sua jurisdição e não estar vinculada de nenhuma outra forma ou vir a compartir soberania com qualquer outro corpo maçônico."
3. "Os francomaçons, no âmbito de sua jurisdição, deverão ser exclusivamente homens; e, tanto a Obediência e suas Lojas não poderão ter contatos maçônicos com Lojas que admitam mulheres." Uma observação: este critério não inclui as ordens femininas consideradas para-maçônicas, como a Ordem da Estrela do Oriente, as Filhas de Jó, etc. Outra observação: não é possível o contato entre Lojas ou Obediências regulares com Lojas femininas ou mistas. Mas é possível contato de maçons com maçonas.
4. "Os francomaçons, no âmbito de sua jurisdição, deverão crer em um Ser Supremo." Aqui, outra observação: os britânicos não mudam nenhuma palavra de seus textos. Podem, no entanto, dar outra interpretação às palavras. Ser Supremo é entendido hoje como Princípio Criador, permitindo outras concepções. Acrescente o fato de que o conceito de Princípio Criador é uma questão de foro íntimo e que se deve respeitar a crença de cada maçom. Outra observação: em cada rito, pode-se ou não avocar o Criador ou o Grande Arquiteto do Universo. A não invocação não implica em irregularidade.
5. "Todos os francomaçons, no âmbito de sua jurisdição, deverão assumir seus compromissos sobre o Livro da Lei que pode ser a Bíblia ou o livro considerado sagrado por cada franco-maçom e, através dele, realiza-se o compromisso maçônico."
6. "As três Grandes Luzes da Francomaçonaria (o Livro da Lei, o esquadro e o compasso) deverão estar expostas

tanto na Grande Loja quanto nas suas Lojas subordinadas."

7. "A discussão sobre religião ou política deve ser proibida no âmbito de suas Lojas, quando abertas." Não há nenhum problema em discutir política em Loja fechada.
8. "Além do mais, deve-se manter a Obediência aos princípios preestabelecidos (dos antigos Landmarks ou Marcas de Referência) e dos costumes da Francomaçonaria, devendo-se exigir o seu cumprimento no âmbito de suas Lojas." Observe que não se define qual dos Landmarks e não se define, também, os costumes da Francomaçonaria. Observe, também, que os principais Landmarks já estão inseridos nas constituições das Obediências.

Todas as três Obediências brasileiras nomeadas acima cumprem esses critérios; portanto, são regulares. Porém, nem todas são reconhecidas pela Grande Loja Unida da Inglaterra: são reconhecidas o GOB e quatro das Grandes Lojas. Mas, quase todas são reconhecidas pela CMI (*Confederación Masonica Interamericana*), incluindo muitos Grandes Orientes Independentes (COMAB). A CMI foi presidida pelo Grão-Mestre Geral do GOB até abril de 2015; atualmente, é presidida pelo Grão-Mestre da *Gran Logia de España de Masones Antiguos, Libres y Aceptados.*

Os oito critérios de regularidade fazem parte do DNA da Maçonaria Universal. Fazem parte do DNA maçônico, também, as concepções explanadas a seguir. As Lojas são autônomas e esta autonomia é limitada, unicamente, pelas constituições e regulamentos das Obediências. O Grão-Mestre só pode intervir numa Loja de sua jurisdição, se houver alguma prática antimaçônica comprovada. Especialmente, quando ferir algum Landmark.

A analogia do DNA dos macacos que, provavelmente, singraram oceanos ao do DNA das Obediências é muito salutar para se observar essas adaptações, evoluções e mutações, "legais" e espúrias, das Obediências que ocorrem em todo o mundo.

5. CONSIDERAÇÕES FINAIS:

A analogia proposta é muito interessante por se tratar do DNA da Maçonaria universal. E essa analogia se completa quando se verificam as adaptações e as mutações genéticas do DNA da Maçonaria. A Maçonaria é progressista e evolui ("*sed novae, antiqva*") naquilo que não fere os costumes antigos maçônicos. Hoje, usam-se computadores, sofisticados e modernos sistemas de som e imagem. Usa-se Internet para convocações, mensagens e discussões. Mas, não se pode usar a Internet para iniciações, por exemplo, porque falta, nos computadores, a formação de uma egrégora; falta o conhecimento pessoal; faltam toques e sinais. E é nos rituais e costumes antigos que devemos conservar o DNA da Maçonaria. Necessita-se, sempre, a busca incessante da autenticidade e da pureza dos rituais e da tradição secular que deve ser preservada: o DNA da Maçonaria Universal.

AGRADECIMENTOS:

O Autor agradece muitíssimo os comentários, as sugestões e as apreciações do Irmão RICARDO CASELLI MONI. Sua cultura e conhecimento enriqueceram este ensaio.

REFERÊNCIAS BIBLIOGRÁFICAS:

BERNSTEIN, L.S. "*Egregor*". The Rosicrucian Archive, Confraternity of the Rose Cross, 1998. Disponível em: http://www.crcsite.org/printegregor.htm Acessado em 7.fev.2016.

BRITO, V. "A Formação dos Continentes Escrita numa Folha". **História Viva.** 12 (137), pp: 76-79, março, 2015.

QUEIROZ, A. "*The Monkey's Voyage*". New York: Basic Books, 2014.

QUEIROZ, A. "*The Monkey's Voyage*" (New study on early monkeys in the

Americas). Alan de Queiroz's website and blog, mostly about biogeography, 2016. Disponível em: https://monkeysvoyage.wordpress.com/2015/02/06/new-study-on-early-monkeys-in-the-americas/ Acessado em 7.fev.2016.

USGS. "*Historical Perspective*". The Dynamic Earth. US Geological Survey, Science for a changing, 2012. Disponível em: http://pubs.usgs.gov/gip/dynamic/historical.html Acessado em 7.fev.2016.

USGS. "*Developing the Theory*". The Dynamic Earth. US Geological Survey, Science for a changing, 1999. Disponível em: http://pubs.usgs.gov/gip/dynamic/developing.html Acessado em 7.fev.2016.

USGS. "*Understanding Plate Motions*". The Dynamic Earth. US Geological Survey, Science for a changing, 2014. Disponível em: http://pubs.usgs.gov/gip/dynamic/understanding.html#anchor6715825 Acessado em 7.fev.2016.

VÉLEZ, J.A. "*El Egregor Masónico*". Respetable Logia Giordano Bruno, nº 8, Mèrida, Venezuela, 2010. Disponível em: http://pt.scribd.com/doc/39285439/El-Egregor-Masonico Acessado em 7.fev.2016.

PEDRA FUNDAMENTAL E PEDRA ANGULAR

A pedra que os construtores rejeitaram
tornou-se a pedra angular.
Salmo 118: 22[1]

1. INTRODUÇÃO:

Há um certo equívoco, na verdade, uma falta de precisão, do que se entende por Pedra Fundamental e Pedra Angular. Muitos confundem os termos e as usam como sinônimos. Este ensaio tem a finalidade de precisar os termos e discutir sua importante simbologia maçônica.

2. PEDRA FUNDAMENTAL:

Na construção de um edifício, sendo ele importante, a exemplo de um parlamento, um museu, uma Igreja, etc., sempre existe solenidade em que é colocada a Pedra Fundamental. O significado é destacado por Ritos especiais feito por autoridades. Há várias

[1] Atribuído ao Rei David: provavelmente, nasceu em 1040 a.·. E.·. V.·. e faleceu em 970 a.·. E.·. V.·. Foi rei entre 1010 e 970 a.·. E.·. V.·..

fontes históricas e arqueológicas em várias civilizações ao longo da história da humanidade.

O lançamento da Pedra Fundamental (também chamado "primeira pedra" ou "pedra-chave") é o nome convencional da Cerimônia Ritualística de colocação do primeiro bloco de pedra do alicerce onde (na maioria dos casos) se assentam as estruturas externas da construção. Todas as demais pedras serão definidas em relação à Pedra Fundamental. Portanto, é a pedra de referência. Muitas vezes, essa pedra é visível do exterior no canto nordeste, com uma placa comemorativa. Como uma variação, a Pedra Fundamental pode estar semienterrada, aparecendo na superfície apenas uma pequena parte superior onde é colocada a placa comemorativa.

Outro uso para a expressão Pedra Fundamental é em sentido figurado. Qualquer coisa que seja fundamental, imprescindível, que sirva como alicerce, como referência, para algum tema, teoria, fundamento, enfim, pode-se dizer tratar de sua Pedra Fundamental.

Também, é costume adicionar à Pedra Fundamental uma cápsula do tempo, um recipiente fechado onde se encontram

Fig. 1 – Pedra Fundamental da Igreja de São Bonifácio (Igreja Católica), em Aachen, Estado da Renânia do Norte-Vestifália, Alemanha, 1984.

documentos da construção: nome das pessoas presentes no dia da Cerimônia, jornais do dia ou periódicos da época, moedas e outras peças para a posteridade. Há, também, na pedra, inscrições como data e identificação do construtor e, tradicionalmente, é colocada no canto nordeste da construção. Pedra Fundamental é chamada, também, de "Primeira Pedra" em Portugal e de "gota" (do francês *Goutte*) que significa pequeno ornamento arquitetônico.

A Cerimônia Ritualística tem, muito provavelmente, origem celta. A Pedra Fundamental era colocada no canto nordeste da construção porque os celtas acreditavam que o vento nordeste era um vento favorável. Há outras versões: nordeste porque nesse ponto há meio caminho entre as trevas (norte, no hemisfério norte) e a luz (que nasce no Oriente). Outra versão é que os celtas imigraram à Grã-Bretanha vindos do nordeste da Europa.

O Ritual de lançamento da Pedra Fundamental em edifícios religiosos, especialmente nas catedrais, aparece no final do século X e mais desenvolvido nos séculos XI e XII. Por meio desse Ritual, a importância da Pedra Fundamental está associada aos fundamentos da Igreja, encontrados na 1ª Epístola aos Coríntios, 3: 10-11 e no Evangelho de Mateus 16: 18.

Primeira Epístola aos Coríntios, 3: 10-11 (escrita pelo apóstolo Paulo):

> *Segundo a graça de Deus que me foi concedida, pus eu, como sábio arquiteto (construtor), a Pedra Fundamental, e outro edifício edifica sobre ele; mas veja cada um como constrói. Porque ninguém pode pôr outra Pedra Fundamental além do que já está posta, que é Jesus Cristo.*

Evangelho de Mateus 16: 18:

> *Pois eu também te digo que tu és Pedro, e sobre esta pedra edificarei a minha Igreja, e as portas do inferno não prevalecerão contra ela.*

Há, também, referências sobre a Pedra Fundamental no Velho Testamento. Em Isaías 28: 16:

Portanto, assim diz o Soberano Senhor: Eis que eu assentei em Sião uma Pedra Fundamental, uma pedra já experimentada, pedra preciosa de esquina para alicerce seguro; aquele que confia jamais será abalado.

Fig. 2 – Pedra Fundamental da Igreja de São Vicente de Paulo (Igreja Episcopal), em Nova Orleans, 1866.

A Cerimônia de colocação da Pedra Fundamental, na Idade Média, envolvia a colocação de ofertas de cereais (em geral trigo), vinho e óleo sobre ou sob a Pedra Fundamental. São os produtos que simbolizam a subsistência do povo e a subsistência do edifício.

Não se conhece, com precisão, qual a origem histórica dessas tradições da Cerimônia Ritualística de colocação da Pedra Fundamental. Há algumas citações bíblicas que podem ter sido a origem dessas tradições; todas têm significado simbólico. O termo "Pedra Fundamental" tem, nos textos bíblicos, o mesmo significado de "pedra angular".

Em Jó 38: 5-6: *Quem lhe fixou as dimensões? – se o sabes – ou quem estendeu sobre ela a régua? Onde se encaixam suas bases, ou quem assentou sua Pedra Fundamental.*

O mais importante texto bíblico sobre a pedra angular está em Salmos 118: 22, um poema de ação de graças cuja autoria é, provavelmente, do Rei David: “**A pedra que os construtores rejeitaram tornou-se a Pedra Angular**”.

Em Jeremias 51: 26: “*Não tirarão mais de ti uma Pedra Angular nem uma Pedra Fundamental, porque tu te tornarás uma desolação eterna – oráculo de Iahweh*”. Jeremias distingue dois tipos de pedra: a fundamental, início da obra e a angular, a conclusão, mais próxima de Deus, mais próxima da perfeição.

Em Zacarias 10: 4: “*Dele sairá a pedra angular, dele a estaca...*”

Em Mateus 21: 42: “*Nunca lestes nas Escrituras: a pedra que os construtores rejeitaram tornou-se a pedra angular, pelo Senhor foi feito isso e é maravilha aos nossos olhos*”. Está exatamente com as mesmas palavras em Marcos 12: 10-11. Repetido com palavras semelhantes em Lucas 20: 17.

> Em Atos 4: 11: “*É ele a pedra desprezada por vós, os construtores, mas que se tornou pedra angular*”.
>
> Em Efésios 2: 20: “*Estais edificados sobre o fundamento dos apóstolos e dos profetas, do qual é Cristo Jesus a pedra angular*”.
>
> Em 1 Pedro 2: 7: “*Isto é, para vós que credes ela será um tesouro precioso, mas para os que não creem, a pedra que os edificadores rejeitaram, essa tornou-se a pedra angular*”.

Na prática moderna, o líder da comunidade realiza a cerimônia de colocação da Pedra Fundamental no nordeste do edifício.

Existe a Pedra Fundamental (Pedra de Fundação ou Rocha) dos hebreus (ןבא ייתשהה), em árabe الصخرة (*Sakhrah*) – Fig. 4. É a pedra que está no centro do Domo da Rocha (construído no século VII), em Jerusalém (Fig. 3). É conhecida, também, como pedra furada porque tem um pequeno furo no canto sudeste, através do

Fig. 3 – O Domo da Rocha (*Qubbat As-Sakhrah*)

qual se entra numa caverna abaixo da rocha, conhecida como Poço das Almas. É o local mais sagrado do judaísmo. Há a crença que este lugar era o local do Santo dos Santos do Templo de Salomão. Alguns acreditam que ali acha-se escondida a Arca da Aliança. Essa Pedra tem, também, um significado islâmico importante.

Fig. 4 – A Pedra Fundamental ou A Rocha (*Sakhrah*), abaixo do Domo da Rocha, em Jerusalém. Foto da Biblioteca do Congresso, EUA.

O Santuário Nobre, onde a Pedra Fundamental está localizada é considerado por exegetas do Alcorão como o local onde Maomé viajou a Jornada Noturna. Segundo a tradição islâmica, Maomé fez durante uma única noite, em torno do ano 621, uma viagem física e espiritual num corcel de nome Buraq, entre Meca e a mesquita mais distante (em Jerusalém). Em seguida, Maomé sobe aos céus onde fala com Alá que dá instruções aos fiéis sobre orações (Alcorão, sura 17 *Al-'Isrã*, A Sura da Viagem Noturna).

3. PEDRA FUNDAMENTAL NA MAÇONARIA:

Há várias menções da Pedra Fundamental na Maçonaria. Cita-se duas: na Cerimônia de consagração de um Templo ou Loja e na Iniciação de um Aprendiz Maçom.

A Cerimônia Ritualística de colocação da Pedra Fundamental, na construção de um edifício, gerou a Cerimônia de consagração de um templo ou Loja (GOB 1999; GOB 2002; GOB-RN s/d; UGLE 2002). Na Maçonaria, essa Cerimônia simboliza dar subsistência, permanência, manutenção e conservação ao Templo ou à Loja. Só Templos consagrados podem ter Sessões consideradas magnas como Iniciação, Elevação, Instalação, etc. Sessões consideradas ordinárias ou "Econômicas" podem ser realizadas em salas adaptadas ou Templos ainda não consagrados. O termo "consagração" na Maçonaria não tem sentido religioso ou sacro, mas sim sinônimo de validação, legitimação, reconhecimento, láurea, reverência ou veneração. Muitas das Cerimônias de consagração maçônicas, especialmente as de origem anglo-saxônica, usam o vinho, o óleo e o trigo. Algumas usam também o sal. O vinho simboliza a alegria e a satisfação. O óleo (ou azeite) simboliza a paz e a concórdia. O trigo (usa-se milho nos EUA) simboliza fartura e abundância. O sal simboliza amizade e fraternidade. Lembra, portanto, as Cerimônias de lançamento da Pedra Fundamental do Capitólio dos EUA, em Washington, Cerimônia Maçônica realizada por George Washington em 1793. Também, no Memorial de George Washington, em Alexandria, Virginia, houve uma Cerimônia de lançamento da Pedra Fundamental em 1923 (Fig. 5).

Na Iniciação, o Neófito recipiendário quando da primeira

Fig. 5 – Pedra Fundamental na esquina nordeste do Memorial Nacional Maçônico de George Washington, cerimônia realizada em 1° de novembro de 1923

entrada no templo, se prepara ao trabalho de erigir seu ser interior (ou construir seu edifício interior). Tem início a sua obra interior no canto noroeste da Loja (à esquerda de quem entra no Templo), porque o canto noroeste é a parte mais escura no hemisfério norte. O noroeste é, portanto, símbolo da Iniciação. Inicia-se o simbolismo: colocar a sua Pedra Fundamental no ser interior. O norte é símbolo das trevas (no hemisfério norte) do mundo profano. Depois de recebida a Luz (por isso é um recipiendário), o neófito fica postado no canto nordeste (ou à direita do V.·. M.·.) para receber as primeiras preleções. Por quê? Se o norte representa as trevas (no hemisfério norte), o leste (Oriente) representa a Luz, onde nasce a

Luz, o que significa que o canto nordeste é o ponto intermediário entre a escuridão e a Luz. É similar ao fato que acontece entre o dia e a noite durante os equinócios. Como se sabe, nos equinócios dia e noite duram o mesmo tempo. Isso também é uma tradição celta.

Enquanto o norte é símbolo das trevas, o leste é símbolo da ordem, da Sabedoria, da Luz. A iniciação é, também, simbolizada como a colocação da Pedra Fundamental na construção do ser interior, no canto nordeste, a primeira pedra que é lapidada.

4. PEDRA ANGULAR:

Pedra Angular é também conhecida como: chave de abóbada, pedra central, pedra da abóbada, fecho de abóbada, cunho de ferro ou pedra do meio. O termo, em português, "Pedra Angular" (*keystone* em inglês; *clé de voûte* em francês) se refere a uma pedra em formato de uma cunha trapezoidal que é colocada no centro de um arco com a função de balancear as forças concorrentes apostas que atuam num arco, ou seja, a Pedra Angular não apoia nem sustenta peso algum, sua função é equilibrar a queda dos semicírculos opostos que se apoiam sobre as Colunas que compõem um arco (Fig.

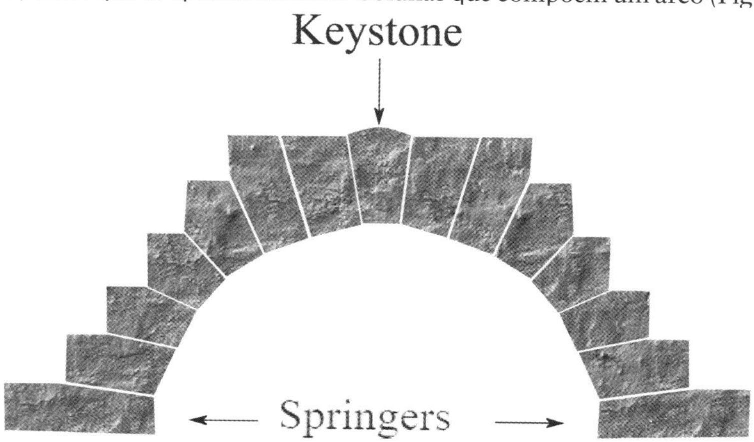

Fig. 6 – Pedra Angular (*keystone*) de um arco; "*springers*" significa mancais de apoio

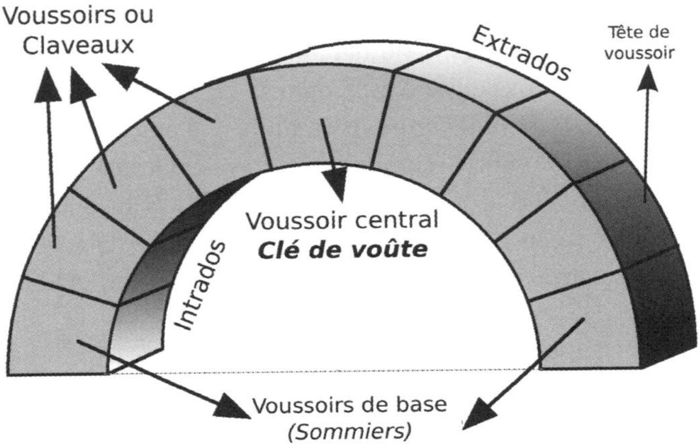

Fig. 7 – Pedra Angular ("*voussoir central*" = aduela central; "*cié de voûte*" = pedra angular; "*sommiers*" = bases; "*claveaux*" = pedras do arco; "*extrados*" = convexos; "*intrados*" = côncavos; "*tête de voussoir*" = cabeça da aduela)

6 e 7). Com o passar dos anos e com a sofisticação dos processos construtivos, ganhou adornos em sua parte externa unicamente por razões decorativas e não estruturais (Fig. 8). Aduela é cada uma das pedras em forma de cunha truncada, de seis faces, que entra na composição de arcos e abóbadas de cantaria.

A Pedra Angular só se pode colocar no edifício (ou no arco)

Fig. 8 – Pedra angular antiga com uma máscara grotesca em Verona, Itália (*Dreamstime Stock Photography*)

de cima para baixo, colocada pelo alto, o que os místicos dizem "a Pedra Angular é a pedra descida do céu" (*lapis ex caelis*). Em inglês, *keystone* ou *capstone*, onde *cap* deriva do latim "*caput*" (cabeça). É pela Pedra Angular que o edifício (ou arco) é efetivamente acabado, ou usando um termo maçônico: finalmente, levado à perfeição. O fato que a Pedra Angular pode ser considerada "a pedra descida do céu" é um fator de misticismo.

A construção de um arco pelos pedreiros medievais (Maçons Operativos) era precedida de uma escora simétrica (Fig. 9). As escoras eram retiradas depois de colocada a pedra angular pelo alto. Essa técnica foi utilizada pelos antigos egípcios. Foram descobertos arcos regulares, com pedras angulares, nos portões dos túmulos de Tebas, construções de aprox. 1410 a.E∴ V∴.

Fig. 9 – Técnica medieval de colocação da pedra angular

5. PEDRA ANGULAR NA MAÇONARIA:

A Pedra Angular é um dos Símbolos mais emblemáticos da Maçonaria, tanto a Operativa como a Especulativa. A ideia da perfeição da construção de edifícios ou construção do interior do seu ser é tema básico da Maçonaria da Marca. O Mestre da Marca existe como Grau adicional na Maçonaria britânica e como um dos Altos Graus na Maçonaria norte-americana (Rito de York). Na Inglaterra e no País de Gales, existe a Grande Loja de Mestres Maçons da Marca (GLMMM, 2012) e seus distritos ultramarinos. Essa Grande Loja controla, também, o Grau de Nautas da Arca Real (Antiga e Honrosa Fraternidade de Nautas da Arca Real). O Palácio de Maçons da Marca (*Mark Masons' Hall*), em Londres, está localizado na *86 St. James's Street*, no centro de Londres (Fig. 10). Nos EUA, os Maçons da Marca estão organizados no *General Grand Chapter Royal Arch Masons*, em Greenfield, Indiana (York Rite, 2015). Isso porque no Rito de York o Grau da Marca é o quarto Grau, na sequência, como Grau mais elevado.

Fig. 10 – *Mark Masons' Hall, 86 St. James's Street, London*

O Grau da Marca trata, essencialmente, da qualidade do Maçom, isto é, simbolicamente, do controle de qualidade da construção do ser interior. A Pedra Angular (em inglês "*capstone*") é, simbolicamente, a pedra cabeça, primordial, a mais alta pedra em posição hierárquica, a pedra de maior autoridade, reconhecida por orientar e conduzir o ser interior.

A Pedra Angular (*keystone*) desempenha importante papel na lenda do Arco Real. No Grau de Mestre da Marca, a Pedra Angular é uma alegoria que ensina ao Maçom a necessidade de humildade e paciência: "a pedra que os construtores desprezaram tornou-se a Pedra Angular" (Salmo 118: 22). O Ritual de Mestre da Marca afirma: "a pedra que os construtores rejeitaram, possuidora de méritos a eles desconhecidos, finalmente se tornou a pedra-chave da construção do edifício". O Ritual de Mestre da Marca traz várias alegorias do controle de qualidade da pedra polida pelo Maçom: a escolha da marca (*chusing the mark*) e o desejo imperativo: "marque bem" (*mark well*). Na Idade Média os Maçons Operativos marcavam com sua própria marca (sua "assinatura") num canto da Pedra Polida. Na verdade, a pedra só era marcada quando seu polimento era considerado justo e perfeito. Isso pode ser visto hoje em várias pedras das Catedrais góticas europeias construídas pelos Maçons Operativos (Fig. 11).

Fig. 11 – Marca deixada numa pedra no Mosteiro de Santa Maria de Alcobaça[2], mosteiro Cister, em Coimbra, Portugal; Irm∴ Ademar Valsechi, de Florianópolis, foto de 2011

[2] Mosteiro (Real Abadia) de Santa Maria de Alcobaça, primeira Igreja gótica erguida em solo português. Início da construção: 1178. Construída pelos monges de Cister (*Ordo Cisterciensis*). Bernardo de Claraval (São Bernardo, 1090-1153), criador da Ordem, foi o principal guia dos Cavaleiros Templários. O Mosteiro foi inaugurado em 1252. Nesse mosteiro encontram-se túmulos de diversos reis portugueses, destacando-se: D. Afonso II (1185-1223), D. Pedro I (1320-1367) e D. Inês de Castro (1320-1357).

O selo do Maçom da Marca (Fig. 12) é a Pedra Angular dos Maçons norte-americanos. As letras HTWSSTKS significam: "*Hiram The Window's Son Sent To King Solomon*" (Hiram o filho da viúva envia para o Rei Salomão). No selo do Maçom da Marca britânico, as mesmas letras estão colocadas, mas em hebraico, da mesma forma o selo do Maçom da Marca no Brasil (Fig. 13). No Brasil, os Maçons da marca são regidos pela Grande Loja de Mestres Maçons da Marca do Brasil, com sede no GOB, Brasília.

Fig. 12 – Selo dos Mestres Maçons da Marca norte-americano

6. POLISSEMIA E AMBIGUIDADE DOS TERMOS:

Há uma certa confusão entre Pedra Fundamental e Pedra Angular e isso ocorre em vários idiomas. Observa-se que a Pedra Fundamental é uma Pedra Angular, considerando que há um ângulo reto na esquina. Em inglês, *cornerstone* e *foundation stone* são sinônimos e é a Pedra Angular. *Keystone* é, também, a Pedra Angular. Entretanto, encontrou-se textos onde *keystone* significa Pedra Fundamental. Em francês, *première pierre, pierre d'angle,* e *pierre angulaire* significam Pedra Fundamental. Pedra Angular em francês é *clé de voûte, voussoir central* ou *clé d'arc*. Em espanhol, Pedra Fundamental é *piedra angular* ou *piedra base*. Já, Pedra Angular, em espanhol, é *clave*. Em italiano, há outra confusão: Pedra Fundamental é *pietra angolare*. E Pedra Angular em italiano é *chiave di volta* ou *pietra angolare*. Em alemão, Pedra Fundamental é *der Grundstein* e pedra angular é *der Schlusstein*.

Fig. 13 – Selo dos Mestres Maçons da Marca do Brasil

7. CONSIDERAÇÕES FINAIS:

A Pedra Fundamental e a Pedra Angular são Símbolos Sagrados no judaísmo, no cristianismo e no islamismo.

A Maçonaria trabalha com pedras de construção; tanto a Maçonaria operativa quanto a especulativa. Simbolicamente, polir a sua própria pedra bruta significa aperfeiçoar o seu ser interior, procurar a virtuosidade.

A Pedra Fundamental é um Símbolo fundamental na Iniciação maçônica e nas consagrações de um Templo ou uma Loja. A Pedra Angular é o Símbolo emblemático para o Mestre Maçom da Marca.

AGRADECIMENTOS

O Autor agradece a colaboração do Irm.·. VICTOR HUGO PINHEIRO SANTOS, da A.·. R.·. L.·. S.·. "Adayr Figueiredo Nº 81", da Grande Loja do Rio Grande do Sul.

REFERÊNCIAS BIBLIOGRÁFICAS:

ALCORÃO. Tradução do sentido do Nobre Alcorão para a língua portuguesa. Reino da Arábia Saudita: Complexo do Rei Fahd, 2005.

ASLAN, N. *"Grande Dicionário Enciclopédico de Maçonaria e Simbologia"*. 3ª ed. Londrina: "A TROLHA", 2012. v. 1 e v. 3.

BARKER CRYER, N. *"Conte-me mais sobre o Grau da Marca"*. São Paulo: Madras, 2009.

BARRETT, D. *"Historical Origins of the Mark Degree"*. Pietre-Stones Review of Freemasonry, 2012. Disponível em: http://www.freemasons-freemasonry.com/origins_mark_degree.html Acessado em 8.fev.2016.

Bíblia de Jerusalém. 9ª ed. São Paulo: Paulus, 2012.

BÍBLIA HEBRAICA. *"A Hebrew – English Bible"*. According to the Masoretic Text and the JPS 1917 Edition". Edição bilíngue hebraico-inglês. Mechon Mamre, 2005, updated 2014. Disponível em: http://www.mechon-mamre.org/p/pt/pt0.htm Acessado em 8.fev.2016.

BRANTACAN. *"Keystones, Windows and more about Arches"*. Branatacn, U.K., 2009. Disponível em: http://www.brantacan.co.uk/keystones.htm Acessado em 8.fev.2016.

BRINDAL, K. *"The Mason Mark"*. Pietre-Stones Review of Freemasonry, 2009. Disponível em: http://www.freemasons-freemasonry.com/mason-mark.html Acessado em 8.fev.2016.

DUNCAN, M.C. "*Mark Master, or Fourth Degree*". By Malcom C. Duncan, 1866. Disponível em: http://www.sacred-texts.com/mas/dun/dun05.htm Acessado em 8.fev.2016.

FINDEL, O. et all. "*The Text-Book of Advanced Freemasonry*". (Containg ... the Complete Rituals of the Higher Degrees, viz., ... Mark Master, ...). London: E-Book, 1873.

GAVIN, C. "*The Mark Degree*". Pietre-Stones Review of Freemasonry, 2008. Disponível em: http://www.freemasons-freemasonry.com/mark_master_mason.html Acessado em 8.fev.2016.

GLMMM. "*The Grand Lodge of Mark Master Masons*", 2012. Disponível em: http://www.glmmm.com/default.aspx Acessado em 8.fev.2016.

GOB. "*Rituais Especiais*". (Ritual de Sagração de Templo). Brasília: GOB, 1999.

______. "*Cerimônias Exatas do Rito de York (Emulation Ritual) – Dedicação do Templo*". Brasília: GOB, 2002.

GOB. "*Grande Loja de Mestres Maçons da Marca do Brasil*". Ritual nº 1, Brasília: GOB, 2010.

GOB-RN "*Cerimônia de Sagração e Dedicação do Templo*". Natal: GOB-RN, s/d.

GUIMARÃES, J.F. "*Cartilha Maçônica*". (Antigos conceitos, com novas abordagens para o século XXI). São Paulo: Madras: 2010.

HAUSER, K.M. "*Pedra Angular*". Samaúma On Line, 11.jun.2013. Disponível em: http://www.samauma.biz/novo/portal/pedra-angular/ Acessado em 8.fev.2016.

KARG, B. & Young, J.K. "*O Livro Completo dos Maçons*". São Paulo: Madras, 2008.

MACKEY, A.G. "*Symbolism of Freemasonry: Its Science, Philosophy, Legends, Myths, and Symbolism*". Whitefish, Montana, EUA: Kessinger Publ., 1994.

______. "*O Simbolismo da Maçonaria*". Vol. 2. São Paulo: Universo dos Livros, 2008.

MITCHELL, D. "*O Grau da Marca*". São Paulo: Madras, 2005.

PALOU, J. *"A Franco-Maçonaria Simbólica e Iniciática"*. 5ª ed. São Paulo: Pensamento, 2012.

______. *"Pedra Angular"*. JB News, 890, 9.fev.2013.

PETERS, G.H. *"The Stone which the Builders Refused"*. Pietre-Stones Review of Freemasonry, 2008. Disponível em: http://www.freemasons-freemasonry.com/stone_refused.html Acessado em 8.fev.2016.

PRESCOTT, A. *"Well Marked ? Approaches to the History of Mark Masonry"*. Pietre- Stones Review of Freemasonry, 2007. Disponível em: http://www.freemasons-freemasonry.com/prescott01.html Acessado em 8.fev.2016.

PRESCOTT, A. *"História da Maçonaria da Marca"*. São Paulo: Madras, 2011.

THURSTON, H. *"Corner Stone"*. The Catholic Encyclopedia. Vol. 14. New York: Robert Appleton Company, 1912. Reproduzido, 2016: Disponível em: http://www.newadvent.org/cathen/14303a.htm Acessado em 8.fev.2016.

UGLE. *"Craft Consecration Ceremony"*. (Cerimônia de Consagração na Maçonaria). London: UGLE, 2002.

YORK RITE. *"York Rite Freemasonry"*, 2016. Disponível em: http://www.ramint.org/ e http://www.yorkrite.org/ Acessado em 8.fev.2016.

ZELDIS, L. *"Estudos Maçônicos"*. Londrina: "A TROLHA", 1995.

PARTE II

História

A GUERRA DAS ROSAS E A MAÇONARIA

É muito arriscado usar uma tragédia com fins criativos.
Ayelet Waldman[1]

1. INTRODUÇÃO:

A Guerra das Rosas (*The War of the Roses*) aconteceu na Inglaterra entre 1455 e 1485, quando não existia Maçonaria Especulativa. O que esta guerra tem a ver com a Maçonaria moderna? O objetivo deste ensaio é mostrar como a Guerra das Rosas influenciou o simbolismo maçônico moderno. Vale-se desse ensaio para historiar fatos interessantes ocorridos na Inglaterra.

2. SÚMULA HISTÓRICA DA GUERRA DAS ROSAS:

Trata-se de uma série de batalhas campais ocorridas na Inglaterra medieval, por 30 anos, entre 1455 e 1485. Havia uma disputa de poder entre a Casa de Lancaster e a Casa de York. Os lancartistas

[1] Ayelet Waldman, novelista e ensaísta judia israeli-americana, nasceu nos EUA em 1964. Escreve novelas de mistério e ensaios sobre maternidade. Waldman doutorou-se (*J.D. – Juris Doctor*) pela *Harvard Law School*.

usavam um selo real de uma rosa vermelha e os yorkistas o selo de uma rosa branca. Origem da Guerra das Rosas. As causas: ambas as casas eram descendentes diretos do Rei Eduardo III (*Edward III*)[2]. O Rei Henrique VI (*Henry VI*) da Casa de Lancaster, no poder, rodeou-se de nobres muito impopulares, além do que, consta que era portador de doenças mentais. Havia uma agitação civil de grande parte da população por diversos motivos. Muitos nobres poderosos tinham seus próprios exércitos privados. A guerra terminou quando Ricardo III (*Richard III*), o último rei yorkista, foi derrotado em 1485, por Henrique Tudor, fundador da Casa de Tudor.

A Casa de Lancaster era um ramo da Casa Real de Plantagenet. Henrique III criou o condado de Lancaster em 1267. Casa Real Plantagenet descende originalmente de França, dos Anjou, e seus descendentes governaram a Inglaterra de 1154 a 1485. Os reis da dinastia Lancaster foram: Henrique III (reinou de 1216 a 1272); Henrique IV (de 1399 a 1413); Henrique V (de 1413 a 1422) e

Fig. 1 – A Rosa Vermelha de Lancaster (com cinco incrustações de folhas verdes; o centro é branco)

---

[2] Edward III, Rei da Inglaterra, nasceu em 1312 e faleceu em 1377. Foi rei entre 1327 e seu falecimento. Em 1337 declarou-se herdeiro do trono francês, o que provocou o início da Guerra dos 100 anos (1337-1453) entre Inglaterra e França.

Henrique VI (de 1422 a 1461 e de 1470 a 1471). A Casa de Lancaster extinguiu-se após o assassinato de Henrique VI na Torre de Londres e a execução por yorkintas de seu filho Eduardo de Westminster, o Príncipe de Gales, em 1471. Depois de curtos reinados de integrantes da Casa de York, o trono passou para Henrique Tudor, inaugurando a dinastia Tudor, em 1485. Os lancartistas fundaram o *Eton College* (fundado em 1440 por Henrique VI, em Windsor) e o *Kings College* da Universidade de Cambridge (fundado em 1441 por Henrique VI).

A Casa de York é, também, um ramo da Casa de Plantagenet. Foram reis pertencentes à Casa de York: Eduardo IV (reinou de 1461 a 1470 e depois de 1471 a 1483); Eduardo V (reinou alguns meses em 1483) e Ricardo III (de 1483 a 1485). Em 1485, o trono passou para Henrique VII, inaugurando a dinastia Tudor.

Fig. 2 – A Rosa Branca de York (com cinco incrustações de folhas verdes; o centro é amarelo)

3. ORIGENS DA GUERRA DAS ROSAS:

Henrique VI, da dinastia Lancaster (Fig. 3), reinando desde 1422, logo demonstrou grande fraqueza mental, um idiota incapaz de distinguir o certo do errado. A perda de territórios ingleses em França causou profundo rancor em todo país.

Fig. 3 – Henrique VI (retrato – *National Portrait Gallery*, Londres)

Aos 23 anos de idade, já era hora do rei se casar. Os conselheiros do rei, nobres muito impopulares, acertaram o casamento de Henrique VI com Marguerite d'Anjou (*Margaret of Anjou*), sobrinha do rei de França. Margaret era muito culta, inteligente e dominadora (Fig. 4). O casamento foi realizado em 1445. A Casa de Lancaster havia usurpado o trono, arruinado as finanças e entregue o controle do reino a uma francesa. O Parlamento era pouco mais que uma câmara de compensações das disputas entre nobres. Os opositores do rei preparavam uma desforra. As oposições depositavam suas esperanças em Ricardo, Duque de York, o primeiro, então, na linha sucessória. Ricardo era um príncipe virtuoso, respeitador das leis, precavido, competente e adverso à violência. Foi então que o rei Henrique VI perdeu suas faculdades mentais. Tinha longas crises de desmemória, anamneses, não reconhecia ninguém, tinha uma conversa incoerente e não podia andar. A Rainha Margaret postulou, então, ser a Protetora. Foi quando ela deu a luz ao filho Eduardo, sucessor legítimo, embora muitos diziam que Eduardo não era filho de Henrique VI. Isso tirava, portanto, Ricardo, duque de York, como primeiro sucessor. Os lordes de York apelaram, então, para as armas. Teve início a Guerra das Rosas.

4. A GUERRA DAS ROSAS:

As batalhas entre lancartistas e yorkistas se limitaram ao campo.

Nenhuma cidade foi tomada, ao contrário, todas foram preservadas. Isso fez com que os citadinos não participassem da guerra, embora, com a destruição do campo, muitas cidades ficaram sem víveres e provisões de comestíveis. Várias batalhas campais ocorreram nesses 30 anos. Algumas com vitória dos lancartistas e outras dos yorkistas.

Fig. 4 – Marguerite d'Anjou, estátua em mármore esculpida em 1895, por Ferdinand Taluet (1820-1904). Encontra-se nos Jardins de Luxemburgo, Paris

Em 1460, foi morto o duque de York na batalha de Wakefield. O sucessor do duque de York, Eduardo de York, era muito jovem e violento. Em muitas batalhas, os lancartistas eram comandados pela Rainha Margaret e o Rei Henrique VI era trazido numa carroça para assistir a batalha. Segundo relatos, Henrique VI pouco entendia o que estava acontecendo. O filho de Margaret, Eduardo (Lancaster), tornou-se uma criança violenta e cruel: aos sete anos, mandou degolar nobres yorkistas e assistiu a execução. Outra confusão: aconselhado por alguns nobres acólitos, Henrique VI deserdou seu filho príncipe Eduardo, fato que tornou Eduardo de York o primeiro sucessor. Eduardo de York invadiu Londres e declarou-se rei em 1461, tendo sido proclamado Eduardo IV (Fig. 5).

Fig. 5 – O Rei Eduardo IV (*circa* 1540, *National Portrait Gallery*, Londres)

A Rainha Margaret, denominada Rainha da Inglaterra e Princesa de França, continuou com pequenas batalhas na fronteira com a Escócia. Imperiosa, combativa, corajosa, com persuasiva personalidade, Margaret tornou-se líder dos lancartistas, agora destronados. Por outro lado, o Rei Eduardo IV, seguro de sua posição, mostrou-se clemente: muitos nobres lancartistas presos foram perdoados, libertos e reconduzidos às suas propriedades. Essa clemência foi mal recompensada. Em 1463, quando Margaret voltou de França, onde havia se refugiado, o estandarte de Lancaster foi erguido novamente e a guerra recomeçou. O Rei Henrique VI, destronado, foi arrastado num cavalo para Londres. Com os pés amarrados aos estribos para não cair e chapéu de palha na cabeça para não ser reconhecido. Após este acontecimento, Henrique VI tentou retornar ao trono, mas foi preso na Torre de Londres.

Um dia, numa caçada, o Rei Eduardo IV distanciou-se, em direção a uma presa. À noite, foi descansar num castelo, em que vivia Elizabeth Woodville (ou Wydvil), uma viúva de um nobre lancasterista, morto numa batalha pelos yorkistas. Lady Elizabeth era uma mulher austera, correta, corajosa e casta. Vivia sob a desonra do confisco de bens dos condenados lancasteristas, como seu marido. A oportunidade de obter a clemência real não poderia ser desperdiçada. A viúva inclina-se, em humilde petição, diante do rei e, ao primeiro olhar, fez o soberano se apaixonar. Lady Elizabeth observou o mais estrito autocontrole o que apenas intensificou a

Fig. 6 – Elizabeth Woodville, rainha consorte do Rei Eduardo IV (retrato, 1471, *Ashmolean Museum, Oxford*)

paixão do rei. Depois de alguns meses, o rei implorou que Lady Elizabeth (Fig. 6) partilhasse de sua coroa, embora estivesse bem consciente dos perigos de sua escolha. Casou-se, secretamente, com Lady Elizabeth em 1464, enquanto seus conselheiros pensavam que acontecia apenas uma aventura amorosa. Seus conselheiros, não sabendo de seu casamento secreto, o aconselhavam a se casar com Isabella de Espanha, pois isso favorecia aos interesses da Inglaterra. Depois de cinco meses de muita pressão, a verdade foi revelada. A explosão deu-se no exterior: Eduardo IV tornou-se motivo de zombaria dos estados vizinhos, especialmente na Espanha. Ocorreu, então, um levante no norte da Inglaterra. Clarence, irmão do rei Eduardo IV, derrotou-o e Eduardo IV caiu prisioneiro. Havia, portanto, dois reis prisioneiros: Eduardo IV e Henrique VI. A guerra das rosas continuava. Por uma reviravolta, os nobres que prenderam Eduardo IV, tiveram que se refugiar em França. Louis XI, rei de França, tinha em seu território os líderes nobres dos yorkistas e a Rainha Margaret, que se refugiara em Anjou (Margaret faleceu mais tarde em Anjou, em 1482). Financiado pelo rei de França, os nobres yorkistas, refugiados em França, aportaram em Dartmouth em 1470. Seguiram para Londres e retiraram Henrique VI de sua prisão e o entronaram novamente. Eduardo IV, também libertado, fugiu para a corte de Borgonha.

Henrique VI era um rei fantoche e durou um ano no poder. A guerra das rosas continuava. O agora líder dos yorkistas, Ricardo de Gloucester, chegou a Londres, matou Henrique VI e seu filho Eduardo de Westminster, príncipe de Gales, em 1471, e entronizou, novamente, Eduardo IV que retornava de Borgonha. Eduardo IV reinou de 1471 a 1483, quando morreu. Segundo seus conterrâneos, morreu por ter sido punido por Deus, por sua vida libertina. Seu irmão Clarence, que seria seu sucessor, foi morto na Torre de Londres em circunstâncias muito misteriosas. Segundo Shakespeare, o duque de Clarence foi afogado numa pipa de vinho (provavelmente, uma ficção).

Elizabeth de York[3] foi mãe de cinco filhas e dois filhos. Em 1483, Eduardo, filho mais velho de Elizabeth, o duque de York, tinha 12 anos. O mais jovem, duque de York, tinha 9 anos. Eduardo foi coroado rei Eduardo V. Havia necessidade de um Protetor: o irmão de Eduardo IV, Ricardo de Gloucester foi o escolhido. Mas o rei menino Eduardo V foi rei por apenas alguns meses, tendo falecido em seguida em circunstâncias misteriosas. Dizem que os dois filhos de Elizabeth foram assassinados e emparedados na Torre de Londres. Em junho de 1483, o Parlamento reunido solicitou a Ricardo de Gloucester que assumisse a coroa. Ricardo foi coroado Ricardo III (Fig. 7). Em 1674, no reinado de Carlos II (*Charles II*)[4] quando foi alterada a escadaria que leva a capela na *White Tower*, encontraram os esqueletos de duas crianças, muito provavelmente, os restos mortais de Eduardo V e de seu irmão o duque de York. Carlos II determinou que os dois restos mortais fossem enterrados

Fig. 7 – Rei Ricardo III (artista desconhecido, final do séc. XVI, *National Portrait Gallery*, Londres)

[3] *Elizabeth of York*, esposa de Henrique Tudor, que depois foi coroado Henrique VII, Rei da Inglaterra, nasceu em 1466 e faleceu em 1503. Foi rainha consorte de 1485 a 1503.

[4] *Charles II*, Rei da Inglaterra, Casa de Stuart, nasceu em Londres em 1630 e faleceu em Londres, em 1685. Foi Rei da Inglaterra entre 1660 e 1685.

em Westminster como rei e duque, com uma inscrição em latim atribuindo suas mortes ao pérfido tio "usurpador do reino".

Ricardo III atraiu o ódio do povo inglês pelo desaparecimento dos dois meninos de quem era o Protetor. Em 1484, morreu seu único filho, então príncipe de Gales. Sua esposa Anne, com saúde arruinada, não podia mais ter filhos. Henrique Tudor, conde de Richmond, tornava-se, agora, rival do rei e pretendente à sucessão do trono. A guerra das rosas continuava; lancartistas e alguns yorkistas afastaram-se da perniciosa presença de Ricardo III e se voltaram para Henrique Tudor, o Richmond. Ricardo III sentia-se cercado de ódio e desconfiança.

Ocorreu, então, a última batalha da guerra das rosas. De um lado, lancasteristas, yorkistas desafetos de Ricardo III e tropas de Richmond e, de outro lado, as tropas do rei, yorkistas tradicionais comandados pessoalmente pelo Rei Ricardo III; estes, em número muito superior. Enfrentaram-se na batalha de *Bosworth Field*. Ricardo III foi derrubado de seu cavalo. Segundo Shakespeare, Ricardo III, a pé, trocava seu "reino por um cavalo". Mas Ricardo III foi morto. Seu corpo despido e dilacerado foi depois exibido em Leicester, a cidade mais próxima. Henrique Tudor foi coroado no próprio campo de batalha com a coroa de Ricardo III. Henrique VII, Rei da Inglaterra e Lorde da Irlanda, primeiro monarca da Casa de Tudor. Henrique VII foi pai de Henrique VIII que restaurou a independência religiosa de Roma e estabeleceu a Igreja Anglicana. Henrique Tudor casou-se com a filha mais velha de Eduardo IV, Elizabeth de York e adotou uma terceira rosa, uma fusão das rosas brancas (York) e vermelhas (Lancaster) – Fig. 8.

Ricardo III é uma tragédia histórica, em cinco atos, de William Shakespeare[5] (Fig. 9), escrita, provavelmente, em 1592.

---

[5] Wiliam Shakespeare, poeta, dramaturgo e ator inglês, nasceu em 1564, em Stratford-upon--Avon e faleceu em Stratford-upon-Avon, em 1616. Foi o maior escritor do idioma inglês. Escreveu 38 peças, 154 sonetos e dois poemas narrativos e outros poucos versos. Provavelmente foi Maçom ou Membro de uma sociedade secreta.

Retrata a ascensão ao trono, o poder maquiavélico e o reinado de dois anos de Ricardo III. Além da peça teatral, há uma versão cinematográfica de 1955 estrelada por Laurence Oliver, além de

Fig. 8 – Rosa de Tudor, uma combinação da rosa vermelha de Lancaster e da rosa branca de York (rosa vermelha, depois branca, com cinco incrustações de folhas verdes; o centro é amarelo)

versões norte-americanas mais recentes. Há uma versão televisiva muito famosa da BBC de 1983. *King Richard III*, no original, pode ser lido na internet (SHAKESPEARE, 1995; 1997).

Fig. 9 – William Shakespeare (*National Portrait Gallery, London*). Foi o primeiro retrato adquirido pela *National Portrait Gallery*, em 1856

Há uma interessante história recente sobre Ricardo III (BBC, 2015). Em 26 de março de 2015, o Rei Ricardo III foi novamente sepultado numa cerimônia na catedral de Leicester, 529 anos depois de sua morte, em 22 de agosto de 1485. O esqueleto de Ricardo III foi descoberto em 2012 por arqueólogos da Universidade de Leicester (universidade pública, fundada em 1957). Estava sepultado sob um estacionamento municipal. Havia dúvidas quanto à identificação de Ricardo III. Amostras de DNA do esqueleto foram comparadas com amostras de DNA do marceneiro canadense Michael Ibsen, descendente de 17ª geração de Anne de York, irmã mais velha do Rei Ricardo III. Seu perfil genético compartilhou de uma variedade rara de DNA mitocondrial, provando que o esqueleto encontrado é de Ricardo III. Ao contrário do que relata Shakespeare, em sua tragédia *The King Richard III*, o rei não era corcunda (deformidade na coluna vertebral) nem tinha um braço atrofiado.

Seu descendente, o marceneiro canadense, Michael Ibsen, preparou um caixão funerário simples para um rei. Milhares de ingleses acompanharam o féretro ladeando as ruas de Leicester para assistir à passagem do armão (carreta de duas rodas para rebocar peças de artilharia do século XV), levado por dois cavalos pretos e acompanhados por cavaleiros em armaduras medievais. Na catedral de Leicester, antes de ser velado, o caixão com Ricardo III foi entregue formalmente pela Universidade de Leicester ao diácono e ao bispo anglicano. (Em 1485, não existia Igreja Anglicana. Formalmente, Ricardo III era católico). Estavam presentes, o príncipe Ricardo, atual duque de Gloucester e primo de Elizabeth II e seu descendente canadense Michael Ibsen. O atual duque de Gloucester é *HRH Prince Richard* da Casa de Windsor, um arquiteto; é o 24º sucessor da rainha Elizabeth II (HRH = *Royal Highness* = Sua Alteza Real). A rainha Elizabeth II escreveu um tributo ao funeral de Ricardo III, lido na catedral, em que diz: "ele já não é considerado como 'o venenoso sapo de costas encurvadas '" que Shakespeare famosamente descreve em sua peça. Isso agora é encarado como manobra de propaganda dos Tudors. E, tampouco, é visto como o verdugo dos dois jovens príncipes encarcerados na Torre de Londres. E não é mais considerado como rei que tentou fugir do campo de batalha, oferecendo "meu reino por um cavalo". Mas, Ricardo III ficaria atônito em saber que, hoje, Leicester é a cidade menos inglesa da Inglaterra: apenas 32,4% dos moradores de Leicester são ingleses; 18,6% são árabes ou paquistaneses muçulmanos, 15,2% são hindus e 4,4% são sikhs. A população de Leicester fala cerca de 70 idiomas diferentes. Trata-se da primeira cidade britânica onde os caucasianos de origem britânica são minoria.

5. ROSETAS:

Roseta é um desenho estilizado de uma flor usado extensivamente em esculturas na antiguidade e atualmente em ornamentos, crachás, broches e emblemas. Roseta significa rosa pequena, *rosæta*, cuja origem, em português, é do século XIV. Em inglês, *ros-ette*, tem origem francesa, é um diminutivo de rosa.

A primeira roseta esculpida apareceu na Mesopotâmia. Foi usada, também, para decorar urna funerária na Grécia antiga. As rosetas têm sido usadas há tempos nas condecorações militares. A mais antiga roseta encontrada foi no "disco de Phaistos", estimado entre 2100 e 1100 a∴ E∴ V∴ (Fig. 10).

Fig. 10 – A mais antiga roseta esculpida no "disco de Phaistos"

O disco de Phaistos é um disco de barro recozido, descoberto em 1908 pelo arqueólogo italiano Luigi Pernier[6], no palácio de Minoan de Phaistos, em Creta. Data do segundo milênio da idade de bronze (2100 a 1100 a.·. E.·. V.·.). O diâmetro do disco é de aproximadamente 40,6 cm e é coberto por hieróglifos em suas duas faces. No total há 241 sinais. O disco original está exposto no Museu Arqueológico de Heraklion (Heracliāo) em Creta, Grécia. A Fig. 10 representa uma roseta de 8 pétalas. A Fig. 11 apresenta várias rosetas ornamentais.

As rosas de York, de Lancaster e de Tudor foram transformadas, no século XVIII, em rosetas decorativas.

6. ROSETAS NO AVENTAL DE MESTRE MAÇOM:

As rosetas em Aventais Maçônicos apareceram em meados do século XVIII na Inglaterra. Na época, não havia nenhuma padronização dos Aventais. Era mais comum cada um fazer desenhos, pintando seus próprios

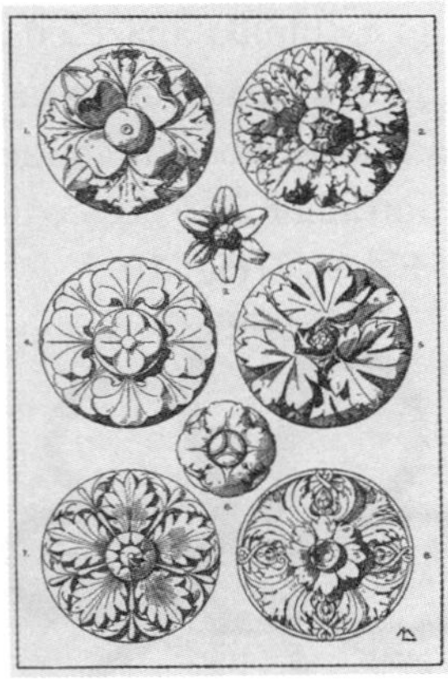

Fig. 11 – Desenhos de rosetas (Meyer's[7] Handbook of Ornament, 1898)

[6] Luigi Pernier, arqueólogo italiano, nasceu em Roma, em 1874 e faleceu em Rhodes, em 1937.

[7] Franz Sales Meyer, professor alemão de ornamentos, autor, poeta e pintor, nasceu em *Kenzingen, Baden-Wüttemberg*, Alemanha, em 1849, e faleceu em *Kalsruhe, Baden-Wüttemberg*, Alemanha, em 1927. Autor do Handbook of Ornament (1898).

Aventais com tinta nanquim sobre pele de cordeiro. Alguns desses Aventais antigos estão expostos no museu da Grande Loja Unida da Inglaterra (Fig. 12).

Fig. 12 – Avental inglês do século XVIII, pintado a mão (fonte: *The Museum of Freemasonry – UGLE)*

O uso de três rosetas no avental representava as rosetas oriundas das rosas de Lancaster, de York e de Tudor. Estavam sempre dispostas em triângulo e simbolizavam a união e a paz. Em muitos desses aventais havia uma roseta branca, outra vermelha e a terceira, no vértice superior do triângulo, na abeta (pequena aba), de cor branca e vermelha. Importante dizer que Nicola Aslan (ASLAN, 2012) acredita que o simbolismo das três rosetas significa o sol nascente no Oriente, o sol no meridiano e o sol poente no Ocidente.

Em 1814, a Grande Loja Unida da Inglaterra decidiu padronizar os aventais dividindo-os nos 3 Graus, ou seja: três tipos de Aventais padronizados. Prescreveu-os em 1815. Padronizou-os com a cor branca, de pele de cordeiro, significando pureza, inocência e a Luz. O Avental de 1° Grau é totalmente branco sem nenhum símbolo. No avental de 2º Grau colocou-se duas rosetas azuis claras, oriundas da guerra das rosas: Lancaster e York. No terceiro Grau distribuiu 3 rosetas, oriundas do término da guerra das rosas, dispostas num triângulo de rosetas azuis claras. O triângulo significa a união, a paz e é um símbolo divino, o delta, três em um ("*triune*" – *I was, I am, I will be*) – Fig. 13. Com isso, houve uma simplificação da decoração dos aventais. Passou uma geração até a completa uniformidade desses padrões e, exclusivamente, na Grande Loja Unida da Inglaterra.

Fig. 13 – Avental de MM padronizado pela UGLE (bordas e rosetas em azul-claro)

Ainda em torno de 1800, adotaram-se três letras "tau" ou, segundo outros, por três níveis, no avental do Mestre da Loja e do Mestre Instalado. Tau é a décima nona letra do alfabeto grego e é o símbolo do Criador e, também, símbolo do Arco Real.

A cor azul-claro das bordas e das rosetas é aquela da Universidade de Cambridge, usada pelo Parlamento britânico. Foi adotada nas bordas dos aventais da Grande Loja Unida da Inglaterra em 1814. É relacionada com a cor da Virgem Maria ou de Ísis ou de Astarté e outras deusas do mundo antigo. Ísis é o nome grego da deusa da mitologia egípcia, que no idioma egípcio era Ast. Foi uma grande deusa mãe, rainha dos deuses e força fecundadora da natureza, deusa da maternidade e do nascimento. Astarté é a assimilação fenícia de uma deusa da Mesopotâmia que os sumérios conheciam como Inanna, os acádios como Ishtar e os hebreus como Astarot. Astarté representava o culto à mãe natureza, à vida e à fertilidade. Outros afirmam que o azul-claro é o símbolo da fraternidade.

Em contraste, os aventais dos grandes oficiais do Distrito e da Grande Loja Unida da Inglaterra têm um azul mais escuro (*Garter Blue* – azul da Jarreteira) bem como certas ordens de cavalaria. Esse azul é a cor da Universidade de Oxford, cor associada à realeza (Jarreteira). Esse azul é usado, também, em Aventais maçônicos da África do Sul e do Estado de Israel. Enquanto o azul claro representa o elemento feminino, o azul mais escuro representa o masculino. O dever do Mestre Maçom (avental azul-claro) é obedecer ao comando (avental azul mais escuro).

As sete pequenas bolas acorrentadas nos Aventais de Mestre Maçom da Inglaterra lembram que uma Loja Justa e Perfeita só pode ser aberta com a presença de sete Mestres. Simboliza, também, o domínio das sete artes liberais (o *trivium* e o *quadrivium*). E essas bolas acorrentadas estão no avental à direita e à esquerda, simbolizando as Colunas B e J.

A descrição desses Aventais são aqueles usados e padronizados na Grande Loja Unida da Inglaterra. Os Aventais variam conforme a Potência ou Obediência. Nos EUA, o Rito de York não usa rosetas e usa um azul com tonalidade mais escura. Na Holanda, o avental é bordeado em preto com uma caveira e dois ossos cruzados na abeta. Em geral, as abetas são triangulares, em todo o mundo. Mas há, também, as em forma de meio círculo.

Na Escócia, os Aventais não são padronizados. Cada Loja tem seu próprio avental. Algumas têm as três rosetas. Há Lojas na Escócia que usam o fundo branco com bordas de tartan com as cores referentes a seu clã (Fig. 14). Tartan (ou tartã) é um pano de lã tradicional da Escócia que tem padrões de quadrados e linhas de tecido em várias cores. Tartans foram associados, posteriormente, a um clã determinado. A partir do século XVIII, os regimentos escoceses usavam diferentes tartans como característica de identificação. Os tartans são usados, também, em kilts (saia masculina com pregas que se estende até os joelhos e não se usa cueca). Um catálogo de tartans pode ser visto no Registro Mundial de Tartans Escoceses (*Scottish Tartans World Register*): http://www.scottish-tartans-world-register.com/ acessado em 9.fev.2016. O Avental mostrado na Fig. 14 usa um tartan do regimento *Royal Stuart*. Em muitas Sessões maçônicas de gala, usam-se kilts de gala (Fig. 15).

Na Irlanda, também não há padronização e os Aventais obedecem matizes individualizadas, nas bordas e nos bordados. Em geral, são verdes.

No Brasil, os Aventais são padronizados. No GOB, é usada a cor azul-clara e nem todos os Ritos têm rosetas. Nas grandes Lojas (CMSB), usa-se também. Na COMAB o R.·. E.·. A.·. A.·. usa a cor própria do Rito, carmesim. O Rito de York o mesmo Avental usado nos EUA e o Rito Moderno o Avental semelhante ao do GOB.

Fig. 14 – Avental de MM usado por uma Loja da Escócia; tartan *Royal Stuart*

Fig. 15 – Kilt de gala

Legendas da Fig. 15: *Jacket* = jaqueta (de gala); *Tie* = gravata (*bow tie* = gravata borboleta); *Belt Buckle* = fivela do cinto; *Sporran* = (palavra gaélica) pequena bolsa, usualmente feita de couro ou pele, usada na cintura, com a parte principal colocada na frente do kilt; *Kilt* = saia de um homem com pregas que se estende até os joelhos e não se usa cueca; o kilt escocês deve ser plissado e de tartan; *Kilt pin* = alfinete de segurança (pregadeira) para fixação do kilt; *Garter Flashes* = liga com uma peça de pano usada para mostrar o *rank* (categoria, classificação) da pessoa; *Kilt Hose* = meias colantes na perna; *Skean Dhu* = (palavra gaélica) punhal escocês usado na meia; *Ghillie Brogues* = (palavra gaélica) sapato resistente em couro, modelo esportivo para atiradores ou pescadores.

7. CONSIDERAÇÕES FINAIS:

Fundamental afirmar que o avental é o símbolo de trabalho. Trabalho mental do ser interior e trabalho material: trabalhos em Loja, beneficência, caridade, etc. O Avental, para um Maçom, é o distintivo mais honroso de todas as condecorações humanas, porque simboliza o trabalho, primeiro dever do homem e fonte de todos os bens, materiais ou espirituais.

Apresentou-se nesse ensaio a história das origens das três rosetas nos Aventais de Mestre Maçom. As rosetas que representam em sua origem as Casas de Lancaster, de York e de Tudor, simbolizam a união e a paz. Sob formato triangular, simbolizam a divindade.

"O Maçom revestido de seu avental será um Homem na expressão máxima do termo", segundo o Irm∴ Júlio Doin Vieira[8], um dos fundadores da Academia Catarinense Maçônica de Letras. Continua Doin Vieira: *"cargos, honrarias, méritos, medalhas, tudo é fugaz e passageiro e fenece com o desaparecimento do homem. Só a beleza e a grandiosidade maçônica do ideal permanecem eternamente imutáveis e gloriosas"* (DOIN VIEIRA, 1997).

REFERÊNCIAS BIBLIOGRÁFICAS:

ASHLEY, M. *"A Brief History of British Kings & Queens"*. London: Robinson, 2002.

ASLAN, N. *"Grande Dicionário Ebciclopédico de Maçonaria e Simbologia"*. Vol. IV. 3ª ed. Londrina: "A TROLHA", 2012.

______. *"Estudos Maçônicos sobre Simbolismo"*. 2ª ed. Londrina: "A TROLHA", 2015.

[8] Júlio Doin Vieira, médico otorrinolaringologista, professor e escritor catarinense. Nasceu em Campos Novos, em 1925, e faleceu em Florianópolis, em 2014. Formou-se no Rio de Janeiro em 1951. Foi professor da UFSC. Publicou vários livros. Fundador e presidente de honra da Academia Catarinense Maçônica de Letras.

BARRETT, D. *"Are you dressed for Lodge? Enquired Rosette"*. Pietre-Stones Review of Freemasonry, 2009. Disponível em: http://www.freemasons-freemasonry.com/masonic-apron-rosette.html Acessado em 9.fev.2016.

BBC. *"King Richard III Funeral"*. The British Broadcasting Corporation, 26 de março, 2015.

CASTELLANI, J. *"Dicionário Etimológico Maçônico"*. (vol. 1 – A, B, C). Londrina: "A TROLHA", 2004.

CHURCHILL, W.S. *"Uma História dos Povos de Língua Inglesa"*. Rio de Janeiro: Nova Fronteira, 2009.

DOIN VIEIRA, J. *"Maçonaria. Um Estudo Completo"*. Londrina: "A TROLHA", 1997.

GIRARDI, J.I. *"Do Meio-dia à Meia-Noite"*. Vade-Mécum Maçônico. 2ª ed. Blumenau: João Ivo Girardi, 2008.

HAIGH, P.A. *"The Military Campaigns of the War of the Roses"*. Gloucester: Alan Sutton, Publ., 1995.

______. *"The Battle of Wakefield 1460"*. Gloucester: Alan Sutton, Publ., 1996.

LEADBEATER, C.W. *"A Vida Oculta na Maçonaria"*. São Paulo: O Pensamento, 1968.

MENDES PAULINO, F. *"Ritual de Emulação"*. Sorocaba: Do Autor, 2011.

OLIYNIK, A. *"Emulação"*. Curitiba: Vicentina, 2004.

PAULINO, F.M. *"Ritual de Emulação"*. Sorocaba: Do Autor, 2011.

______. *"Ritual de Emulação"*. Grau de Mestre Maçom. Sorocaba: Do Autor, 2013.

SEWARD, D. *"A Brief History of the War of the Roses"*. London: Robinson Publ., 2007.

SHAKESPEARE, W. *"King Richard III."* e-book. Projeto Gutenberg, 1997. Disponível em: http://www.gutenberg.org/ebooks/1103 Acessado em 9.fev.2016.

______. *"Obra Completa"*. Ricardo III – vol. III. Rio de Janeiro: Nova Aguilar, 1995.

SIETE MAESTROS MASONES. "*La Logia Viva*". Barcelona: ed. Obelisco, 2006.

WOODWARD, E.L. "*Uma História da Inglaterra*". Rio de Janeiro: Zahar, 1964.

WORTS, F.R. "*The Apron and its Symbolism*". Ars Quatrum Coronatum, vol. LXXIV, pp: 133-137, 1961.

AS ORIGENS DO RITUAL DE INSTALAÇÃO

Behold, O Master, in the East,
what glories greet thee there!
What floods of radiance eastward stream!
The sun is rising fair.

Veja, ó Mestre, no Oriente,
o que te glorias lá cumprimentar!
O que as afluências de esplendores transmitem para o leste!
O sol está nascendo claro.
Master's Installation Ode (Ode da Instalação do Mestre)
John Sayles[1]

1. INTRODUÇÃO:

O que é Instalação de um Venerável Mestre? É um desafio interpretar na essência o que significa Instalar o Mestre da Loja. É difícil pesquisar a história do Ritual de Instalação. Necessita haver um discernimento. Discernir é perceber claramente. Etimologicamente, cernir é crivar, passar por crivo. Discernir é separar, distinguir; originou-se de "ver no escuro", "distinguir no escuro".

---

[1] John Sayles, Maçom texano, *Past Grand Master* (1853) da Grande Loja do Texas (*The Grand Lodge of Texas Ancient Free & Accepted Masons*), autor da *Master's Installation Ode* composta em 1879.

Pretende-se, pois, perceber claramente, ver no escuro, o que significa a Instalação de um Venerável e quais são suas origens. Não se deve oferecer respostas fáceis, como: instalação é dar posse a um novo Mestre da Loja. Mas sim, manter-se fiel à história, aos ideais mais nobres da essência da Instalação maçônica.

2. MARCO DIVISÓRIO:

Inicia-se com a descoberta da América. O que tem a ver a descoberta da América com a Instalação de um novo Mestre da Loja?

Na História da América, há um marco divisório: a descoberta da América por Cristóvão Colombo, em 1492. Por quê? Porque antes de Colombo não havia nada escrito e os poucos documentos talhados em pedra eram, então, indecifráveis sobre a história pré-colombiana. Modernamente, há pesquisas de DNA de ameríndios que permitem determinar suas procedências e épocas. Após Colombo, a documentação sobre a História da América é facilmente pesquisada e constitui as fontes primárias básicas da documentação. Algo semelhante ocorre na História da Maçonaria. Antes de 1717, fundação da Grande Loja de Londres, há pouca documentação sobre a Maçonaria Operativa. A partir do século XVI, mormente na Escócia, começa a aparecer documentação sobre maçons livres e aceitos – a Maçonaria Especulativa. Por quê? Porque a Maçonaria era uma sociedade secreta e os poucos documentos escritos eram, então, destruídos para conservação dos segredos maçônicos. Também, a maioria dos Maçons de ofício era analfabeta: os Maçons Operativos eram pedreiros e construtores. Quase nada se escrevia e o que foi legado são tradições orais. Os únicos documentos escritos que chegaram à idade contemporânea são uns poucos Antigos Deveres (*Old Charges*). Após 1717, aparecem inúmeros documentos que são as fontes primárias básicas da História da Maçonaria. Por quê? Porque os maçons especulativos, os Maçons Livres e Aceitos, eram (e são) letrados. Na Inglaterra, um bom número pertencia à nobreza. Na Escócia, eram artesãos e cavaleiros, burgueses e comerciantes; alguns nobres.

3. HISTÓRIA DA INSTALAÇÃO:

Antes de 1717, o Mestre da Loja era "instalado" numa Cerimônia simples e, provavelmente, não ritualística. Nas primeiras décadas do século XVIII, a "Instalação" de um Mestre da Loja era uma Cerimônia não ritualística e aberta, isto é, não esotérica. Assistiam a essa Cerimônia muitos "Profanos" (não-Maçons), mulheres e crianças. Foi colocado "Instalação" entre aspas porque não se tratava, essencialmente, de uma Instalação no sentido contemporâneo do termo. Mas, sim, da Cerimônia de posse de um Mestre da Loja. Na época, não existia, ainda, o terceiro Grau, tal que os escolhidos para Mestre da Loja, eram Companheiros que depois de exercer sua missão, voltavam à condição de Companheiros. Isso ocorre, ainda hoje, em algumas Lojas tradicionalistas na Escócia.

"Profanos" também está entre aspas, por ser, na opinião do Autor, uma palavra imprópria. Profano quer dizer aquele que não pertence ao âmbito sagrado. Ou uma pessoa estranha a uma seita ou religião. Como a Maçonaria não é religião, seita e nem sagrada no sentido sacro, inerente a Deus, a palavra é imprópria. "Profano" no sentido maçônico é um não Maçom, aquele que não foi Iniciado na Maçonaria.

Em 1723, foram publicados Regulamentos das Lojas, como apêndice ao Livro das Constituições de Anderson[2] (*The Constitutions of the Free-Masons; containing the Regulations*). Nessa época, o Grão-Mestre da Grande Loja de Londres e Westminster (*The Grand Lodge of London and Westminster*) era o 1º Duque de Wharton. Philip Wharton; nasceu em 1698, em Oxford, Inglaterra.

---

[2] James Anderson nasceu em 1679, em Aberdeen, Escócia e faleceu em Londres, em 1739. Foi ministro presbiteriano, Doutor em Divindade (DD) e importante maçom.

Foi Grão-Mestre da Grande Loja de Londres de 1722 a 1724. Foi um político jacobita, católico e, perseguido, exilou-se em França e na Espanha, onde fundou a primeira Loja maçônica em Madrid, Espanha, em 1728. Era alcoólatra e, diziam seus inimigos, um libertino. Faleceu em 1731, na miséria, no Mosteiro de Poblet (*El Real Monasterio de Santa María de Poblet*, uma abadia cisterciense), Tarragona, Catalunha, Espanha. Em 1738, a Grande Loja de Londres passou a denominar-se Grande Loja da Inglaterra (*The Grand Lodge of England*).

Fig. 1 – Philip Wharton, 1º Duque de Wharton (gravura, século XVIII, UGLE)

O apêndice das Constituições de Anderson trata da forma como Instalar uma nova Loja, sob a jurisdição da Grande Loja de Londres e Westminster. Foi elaborada, então, uma Cerimônia de Instalação de uma nova Loja onde havia a nomeação de um Mestre da Loja. Era nomeado o Companheiro mais sábio, erudito e virtuoso. Não havia eleições. Não se pode chamar essa nomeação de Instalação. Mas, com o regulamento, a Cerimônia de Instalação de uma nova Loja e nomeação do Mestre da Loja passou a ser esotérica, isto é, só para Maçons. A nomeação de um Mestre da Loja deixou de ser pública. Na nomeação do Mestre da Loja, neste cerimonial, o Grão-Mestre ou seu Deputado apresentava cada um dos instrumentos de trabalho ao Mestre da Loja e aos Vigilantes, muito semelhantemente como hoje se faz. Assim, teve início o Ritual de Instalação, nomeadamente, a posse das três Luzes da Loja. Além dos instrumentos de trabalho, apresentava-se as obrigações do Mestre da Loja e dos Vigilantes e um juramento de fidelidade à Grande Loja. Não havia Segredos, Toque, Sinais e Palavras Sagradas.

A Grande Loja da Irlanda (*Grand Lodge of Ireland*) foi criada em 1725; é a segunda Grande Loja mais antiga do mundo e a mais antiga em existência contínua. Em 1725, os Irmãos irlandeses levaram para Dublin essa Cerimônia de Instalação de uma nova Loja e nomeação do Mestre da Loja. Essa Cerimônia foi, então, trazida de volta para Londres, com algumas modificações, para a Grande Loja "dos Antigos" (*The Grand Lodge of England According to the Old Institutions*), em 1751.

Todas as posses de VM e fundações de Grandes Lojas foram (e são) realizadas próximas ao solstício de verão do hemisfério norte. E essa data coincide, aproximadamente, com o dia 24 de junho,

THE
CONSTITUTIONS
OF THE
FREE-MASONS.
CONTAINING THE
History, Charges, Regulations, &c.
of that most Ancient and Right
Worshipful *FRATERNITY.*
For the Use of the LODGES.

LONDON:
Printed by WILLIAM HUNTER, for JOHN SENEX at the *Globe*, and JOHN HOOKE at the *Flower-de-luce* over-against *St. Dunstan's Church*, in *Fleet-street*.
In the Year of Masonry —— 5723
Anno Domini —— —— 1723

Fig. 2 – As Constituições de Anderson (foto de 2007, original no Museu da UGLE)

dia de São João Batista. A Grande Loja de Londres e Westminster foi fundada em 24 de junho de 1717. A Grande Loja da Irlanda foi fundada em 24 de junho de 1725.

A Grande Loja de França, que depois se transformou em Grande Oriente de França, foi fundada em 24 de junho de 1738. O Grande Oriente do Brasil foi fundado em 17 de junho de 1822. Todas as posses e Instalações são realizadas próximas ao solstício de verão do hemisfério norte. Por quê? Porque durante o solstício de verão a duração do dia (luminosidade solar) é a maior do ano. Simbolicamente, significa que é o dia de maior Luz, maior sabedoria. Um Venerável Mestre é instalado próximo ao solstício de verão porque é quando a Loja, simbolicamente, tem maior sabedoria. Como o solstício de verão do hemisfério norte coincide ou é próximo ao dia de São João Batista, e como esse santo, tanto numa perspectiva cristã quanto simbólica não cristã significa o anúncio de uma "boa nova", muitas Lojas são denominadas Lojas de São João. A fundação de uma Grande Loja e a posse/instalação de um novo Mestre da Loja significa o anúncio de uma boa nova, na época de maior Luz, maior sabedoria.

A rival Loja "dos Modernos" (Grande Loja da Inglaterra) foi mais lenta e menos moderna. A Loja dos Antigos instituiu uma democracia nas Lojas, em torno de 1751, elegendo, anualmente, seus oficiais. A Loja "dos Modernos", onde havia Maçons pertencentes à nobreza, não aceitava eleições. E em segundo, a Loja "dos Antigos" instituiu uma cerimônia anual de Instalação desses oficiais. Foi o primeiro Ritual de Instalação de um Mestre de Loja. Cerca de 20 anos depois, isso foi implantado, também, pela Loja dos Modernos.

O primeiro Grão-Mestre da Grande Loja de Londres e Westminster, Bro. Anthony Sayer[3] já havia previsto a necessidade de

---

[3] Anthony Sayer, cavaleiro, nasceu *circa* 1672 e faleceu em Londres, em 1741. Foi o primeiro Grão-Mestre da Grande Loja de Londres e Westminster, nomeado na sua fundação em 1717. Pouco se sabe sobre sua vida. Sabe-se apenas que posteriormente, Bro. Sayer teve que recorrer a caridade da Grande Loja em 1724, em 1730 e em 1741. Recebeu, também, caridade da *Old King's Arms Lodge* em 1736 e em 1740.

uma cerimônia de posse do Mestre da Loja, de forma ritualística. Pensou Bro. Sayer que essa cerimônia fosse baseada na Instalação do Rei em seu trono. Instalação é uma palavra que vem do latim medieval *installare*, composta de *in* (adentrar) e *stallum* (cadeira, trono, local), ou seja, "introduzir no trono".

Fig. 3 – Anthony Sayer, primeiro Grão-Mestre da Grande Loja de Londres e Westminster (gravura, Museu da UGLE)

Nessa época, surgiram muitas publicações não autorizadas, apresentando os rituais, até então secretos, a quem quisesse comprá-los. Esses livros se tornaram populares entre "profanos" (que queriam conhecer os segredos da Maçonaria) e, também, entre maçons (que não conseguiam decorar todos os rituais). Dois desses livros (ou folhetos) foram os mais importantes:

1. "*Three Distinct Knocks*" – Três Batidas Distintas (1760) favorecido pela Loja dos Antigos e
2. "*Jachin and Boaz*" (1762) favorecido pela Loja dos Modernos.

Ambos continham as cerimônias ritualísticas de Instalação

do Mestre da Loja. O primeiro influenciou Friedrich Ulrich Ludwig Schröder[4] a criar o Rito de Schröder, em 1801. Mas, a cerimônia de instalação de um Mestre da Loja não foi adotada por Friedrich Schröder, pois Schröder planejava um rito mais simples, objetivo e sem "adornos" que havia, especialmente, no Rito de Heredom. Não existe Ritual de Instalação de Mestre da Loja na Alemanha.

O segundo (*Jachin and Boaz*) influenciou os franceses a criar o Rito Moderno em meados do século XVII; então não chegaram a ser adotados os rituais de instalação de Mestre da Loja em solo francês.

Também, o primeiro livro inspirou o Irm∴ Thomas Smith Webb[5] na criação do Rito de York nos EUA. No Rito de York, a Cerimônia de Instalação do Venerável Mestre eleito deve ser presidida, necessariamente, pelo Grão-Mestre, seu Adjunto ou o ex-Venerável (*Past Master*) mais antigo da Loja. E é comandada pelo Marechal (que substitui o Mestre de Cerimônias).

Em 1775, William Preston[6] escreveu um famoso livro "Ilustrações da Maçonaria" (*Illustrations of Masonry*) que delineou a Cerimônia de Instalação numa sala separada de Mestres Instalados, uma primeira evidência de um Conselho de Mestres Instalados. O livro "Ilustrações da Maçonaria" pode ser lido na Internet (PRESTON, 1812).

Com a unificação da Loja dos Antigos, a dos Modernos e a criação da Grande Loja Unida da Inglaterra, foi elaborado um Ritual comum e aceitável pelas duas partes, incluindo um Ritual

---

4 Friedrich Ulrich Ludwig Schröder nasceu em 1744, em Schwerin, Estado de Mecklenburg-Vorpommen e faleceu em 1816, em Rellingen, Schleswig-Holstein (ambas as cidades perto de Hamburgo). Foi ator, diretor teatral e dramaturgo, bem como Maçom, reformador da Maçonaria alemã. Criou um Ritual, chamado "*Schrödersche Lehrart*" (método Schröder de ensinar), o Rito de Schröder.

5 Thomas Smith Webb nasceu em Boston, Ma, em 1771 e faleceu em Cleveland, Oh, em 1819. Desenvolveu os Rituais do Rito de York; é considerado "*founding father of the York Rite*". Foi Grão-Mestre da *Grand Lodge of Rhode Island*, 1813-1814.

6 William Preston nasceu em *Edinburgh*, Escócia, em 1742 e faleceu em Londres, em 1818. Foi autor, editor e instrutor maçônico. Criou um sistema de palestras e publicou "Ilustrações da Maçonaria", com inúmeras edições.

Fig. 4 – Thomas Smith Webb, o "pai fundador do Rito de York da Maçonaria" (C.T. McClenachan[7], publ. 1892, New York)

de Instalação. Esse Ritual comum não foi de fácil consenso. Um dos problemas era que algumas Lojas não mudavam, anualmente, de Mestre da Loja. Argumentavam que o Mestre da Loja devia ser sempre o mais preparado, o mais sábio e erudito, o mais virtuoso. Outras Lojas (como em Bristol) tinham a tradição, desde 1700, de fazer um Ritual próprio e peculiar de nomeação do novo Mestre

Fig. 5 – William Preston (ilustração da 12ª edição, 1812)

[7] Charles T. McClenachan, historiador e maçom de New York, de origem irlandesa.

da Loja, que não era realizado no Templo, mas numa antecâmara. Outro problema foi que, à época (1816), para ser Iniciado no Arco Real, o Maçom já deveria ter ocupado o cargo de Mestre da Loja, seja Instalado ou nomeado. Para contornar isso, muitas Lojas "nomeavam" um *past master*, ainda que esse Maçom nomeado não tivesse sido Mestre da Loja. Há que se dizer que a autonomia das Lojas, à época, era muito maior do que a autonomia das Lojas contemporâneas na Grande Loja Unida da Inglaterra. E hoje, a autonomia das Lojas britânicas é muito maior do que a autonomia das Lojas jurisdicionadas ao GOB.

4. O RITUAL DE MESTRE INSTALADO:

Mas, depois de algum debate, chegou-se a um Ritual de Instalação de um novo Mestre da Loja no Ritual de Emulação. Implantou-se, então, a eleição anual do Mestre da Loja às Lojas jurisdicionadas à Grande Loja Unida da Inglaterra. Bem como, a criação da Palavra Sagrada, Toque e Sinais do Mestre Instalado. O Mestre Instalado passou, portanto, a ser portador de segredos. Surgiu, então, outro problema. Discutiu-se (em 1816) se Mestre Instalado é um quarto Grau da Maçonaria Simbólica. Observe que essa discussão que ocorreu no início do século XIX, ouve-se ainda hoje na Maçonaria brasileira. De direito, Mestre Instalado não é um quarto Grau. Mas, de fato, parece ser: é iniciático, esotérico e tem segredos próprios. Os britânicos (na Loja de Reconciliação) concluíram que há uma distinção substancial entre ter "aumento de salário" e um primeiro Vigilante, se eleito, ser Instalado Mestre da Loja. Outro pequeno problema: várias Lojas provinciais inglesas adotaram pequenas variações no Ritual de Instalação: os Rituais *Taylor Working*, *Bristol Working*, *Lewis Working*, *West End Working* e *Stability Working*.

A preocupação com as diferenças no Ritual de Instalação da Grande Loja Unida da Inglaterra levou o Grão-Mestre, o duque de

Sussex[8] (o mesmo que uniu os "Antigos" com os "Modernos"), em 1827, a instituir um Conselho especial de Mestres Instalados com o único propósito de unificar o Ritual de Instalação. No final de 1827, o Grão-Mestre concordou com uma Cerimônia de Instalação unificada e definitiva. Esse Ritual de Instalação é o que se usa no GOB, nas Lojas que praticam o Ritual de Emulação.

A Grande Loja da Irlanda concordou, em 1828 (um ano após a Inglaterra), com a unificação desse Ritual de Instalação. Era Grão-Mestre, à época, Augustus Frederick FitzGerald, 3º Duque de Leinster[9].

Esse ritual só foi aceito pela Grande Loja da Escócia em 1872 (45 anos após Inglaterra). Nessa época, era Grão-Mestre da Grande Loja da Escócia Robert Francis St. Clair-Erskine, 4º Conde de Rosslyn[10]. Na Escócia da época e de hoje, as Lojas são muito mais autônomas do que na Inglaterra ou Irlanda; na Escócia, cada Loja tem seu próprio Ritual, seu próprio Avental, suas maneiras próprias de eleger (ou nomear) um Mestre da Loja e, por incrível que pareça, tem um Ritual de Instalação unificado: o mesmo do Ritual de Emulação inglês. Há uma diferença entre os Rituais de Instalação Ingleses e Escoceses. No Ritual adotado em 1872 pela Escócia, introduziu-se a lenda da Rainha de Sabá (CARVALHO, 2008). Esta lenda foi usada escassamente nos Rituais da Loja dos Antigos e em seguida abandonada. A lenda da Rainha de Sabá aparece, também, no Rito Adonhiramita cujo Ritual de Instalação foi elaborado em torno de 1810 (conforme informa-se adiante).

---

8 O duque de Sussex, príncipe Augustus Frederick (nascido em 1773 e falecido em 1843), 6º filho do rei George III do Reino Unido e Grão-Mestre da Grande Loja Unida da Inglaterra de 1813, até sua morte em 1843. O Grão-Mestre da GLUI tem cargo vitalício e é o chefe do Estado Maçônico; o chefe do Governo Maçônico é o Pró-Grão-Mestre, eleito a cada quatro anos.

9 Augustus Frederick FitzGerald, 3º Duque de Leinster, PC (Membro do Conselho Privado de Sua Majestade o Rei da Inglaterra), PC Ire (membro do Conselho Privado do Reino da Irlanda); nasceu em 1791 e faleceu em 1874, em Carton House, a 23 Km a oeste de Dublin, condado de Kildare. Foi escolhido Grão-Mestre da Grande Loja da Irlanda em 1813, permanecendo até sua morte em 1874.

10 Robert Francis St Clair-Erskine, 4º Conde de Rosslyn, nasceu em 1833 e faleceu em 1890. Foi um político conservador escocês. Foi Grão-Mestre da Grande Loja da Escócia de 1870 a 1873. Depois, foi Grão-Mestre da Ordem do Templo (na Escócia) de 1884 a 1890.

Houve, ainda, na Grande Loja Unida da Inglaterra, o que convencionou-se chamar "a crise de 1926" ou "o trabalho alongado na Comissão de Instalação e a crise de 1926". Várias Lojas provinciais propuseram a adoção de uma cerimônia de instalação de V∴ M∴ alongada, instituindo um Grau, o Grau de "*past master*". Depois de muita discussão e reuniões, todas conduzidas pelo Pró-Grão-Mestre da GLUI, chefe do governo maçônico inglês, decidiu-se pela rejeição da proposta com o argumento principal de que no simbolismo, universalmente, só existem três Graus (Procedimentos da Grande Loja, 1º de dezembro de 1926 – em Carvalho, 2008). Portanto, deliberada e resolutamente, *past master* não é um Grau, no simbolismo.

Em alguns estados dos EUA e em algumas províncias do Canadá, bem como, na Mui Respeitável Grande Loja Maçônica do Estado de Santa Catarina, a Instalação em muitas Lojas se faz de maneira unificada: muitas Lojas em conjunto. Nesse caso, os segredos do MI são transmitidos numa Cerimônia unificada, sem a presença de Irmãos que não sejam M∴ I∴. Mas, na Cerimônia de Posse, em cada Loja, todos assistem à posse, pois não há segredo de M∴ I∴ a ser exposto.

O mais antigo Ritual de Instalação, excluindo os do Ritual de Emulação e Rito de York (norte-americano), esses de vertente anglo-saxã, é o do Rito Adonhiramita, o primeiro de vertente francesa a adotar um Ritual de Instalação. Isso ocorreu em torno de 1810; o Rito Adonhiramita era o Rito preferido pela armada napoleônica. Na época, era Grão-Mestre do Grande Oriente de França, Joseph Bonaparte[11], irmão sanguíneo do imperador Napoleão I. Joseph Bonaparte confiou a administração efetiva (uma espécie de Grão-

[11] Joseph Bonaparte, Irmão mais velho de Napoleão I, nasceu em 1768, em Corte, Córsega, e faleceu em 1844, em Florença, Itália. Foi advogado, diplomata e militar. Foi nomeado rei de Nápoles (1806-1808) e rei da Espanha (1808-1813). Iniciado maçom em 1793, na *Loge Parfaite Sincérité* em Marselha, do GODF (Loja que existe até hoje). Foi Grão-Mestre do Grande Oriente de França e Grão-Mestre do Grande Oriente de Itália (em Nápolis).

-Mestre adjunto) do GOF a Jean-Jacques-Régis de Cambacérès[12]. Como o Rito Moderno ou Francês tem origem inglesa e o R.·. E.·. A.·. A.·. tem influências escocesa e irlandesa, Joseph Bonaparte e Cambacérès deram muito apoio e preferência ao Rito francês Adonhiramita que consideravam genuinamente francês.

O Rito Adonhiramita foi criado por Louis Guillerman Saint-Victor, Maçom francês, entre 1781 e 1785. Em 1781, foi publicado *Recueil Précieux de la Maçonnerie Adonhiramite* (Compilação Preciosa da Maçonaria Adonhiramita), contendo os quatro primeiros Graus; em 1785, outra publicação contendo mais 8 Graus, num total de 12. Por fim, ainda em 1875, aparece publicado o 13° e último Grau do Rito Adonhiramita. Em torno de 1810, o Rito Adonhiramita praticado nas Lojas militares napoleônicas, em França e em Portugal (após 1808), criou um Ritual de Instalação de Mestre da Loja, diferente em alguns pontos do Ritual de Emulação, que foi padronizado em 1827. No Ritual de Instalação do Rito Adonhiramita, foi introduzida a lenda da Rainha de Sabá que não consta do Ritual de Instalação do Ritual de Emulação. Também, nesse Ritual, os Sinais, Toques e Palavras Sagradas dos MI são diferentes dos do Ritual de Emulação. Com o declínio do Rito Adonhiramita em França, esse Ritual desapareceu, sendo reutilizado no Brasil, no século XX. Hoje, o Rito Adonhiramita só existe no Brasil e em Portugal.

No Rito Escocês Antigo e Aceito não existia (e não existe) Ritual de Instalação. Em França, no século XVIII, o escocismo que deu origem ao Rito Escocês e posteriormente, em 1801, codificado como R.·. E.·. A.·. A.·. nos EUA, não havia (e não há) Ritual de Instalação. Havia a posse do novo Mestre da Loja. Em 1736, ocorreu

---

[12] Jean-Jacques Régis de Cambacérès, Duque de Parma, 2° Cônsul, depois arquichanceler do Império, nasceu em Montpellier, sul da França, região de *Languedoc-Roussillon*, em 1753, e faleceu em 1824, em Paris. Foi advogado e político e principal redator do Código Civil. Membro da Academia Francesa (1803). Participou do renascimento da Maçonaria francesa, tendo sido assistente do Grão-Mestre (algo como Grão-Mestre adjunto) e Grande Comandante do R.·. E.·. A.·. A.·. em França, de 1806 a 1821. Era homossexual notório e por seu intermédio, a Assembleia Nacional Constituinte descriminalizou a homossexualidade em França.

a participação na Maçonaria francesa do *chevalier de Ramsay*[13] (Fig. 6). De origem calvinista, converteu-se ao catolicismo, em 1709. Doutorou-se pela Universidade de Oxford, mudando-se para França, na corte dos Stuart, tornando-se um jacobita. Ele admitiu a possibilidade de uma religião católica de concepção universal, fraterna, onde a Maçonaria, evidentemente, cristã, seria sua Pedra Angular. Seu famoso *Discours* na *Loge Saint-Thomas*, Paris – 1736 apresentou a Maçonaria herdeira das ordens cavaleirescas da época das cruzadas, especialmente, dos Cavaleiros Templários. Esse *Discours* teve forte influência nos Altos Graus maçônicos no escocismo, entre 1740 e 1780. A partir daí, a posse do Mestre da Loja (não uma Instalação), no escocismo, tornou-se a Sagração do Venerável Mestre, semelhantemente ao que se fazia nas ordens cavaleirescas: colocavam a lâmina da espada sobre os ombros do futuro Mestre da Loja, alternadamente, e terminavam, em alguns,. com a acolada (ato de passar os braços pelo pescoço daquele que era armado cavaleiro, após este ter recebido nos ombros um leve golpe com a Prancha da Espada). Sagrar, nesse caso, tem o sentido de conferir a dignidade do ato de posse e não o de santificar, ou tornar-se sacro. Dá-se o mesmo com a sagração de Templo Maçônico: a Cerimônia confere, ao local, a dignidade de Templo Maçônico.

No Brasil, em 1928, no âmbito das Grandes Lojas brasileiras, oriundas da dissidência de 1927, surgiu, no R∴ E∴ A∴ A∴, o Ritual de Instalação, adaptado do Rito Adonhiramita. Por quê? Porque o Supremo Conselho do Grau 33 do R∴ E∴ A∴ A∴ da Maçonaria para a República Federativa do Brasil[14], com sede em Jacarepaguá, RJ, tem tratado de reconhecimento com as Grandes Lojas brasileiras, é reconhecido formalmente pelo *The Supreme*

[13] Andrew Michael Ramsay, *le chevalier de Ramsay*, foi um escritor e filósofo francês, jacobita, de origem escocesa. Nasceu em Ayr, uma cidade e porto no noroeste da Escócia, em 1686, e morreu em *Saint-Germain-en-Laye*, França, em 1743. O clã Ramsay é um clã das Terras Baixas (*Lowland*) da Escócia, de origem anglo-normanda.

[14] Supremo Conselho do Grau 33 do Rito Escocês Antigo e Aceito da Maçonaria para a República Federativa do Brasil, rua Barão, 1317, Praça Seca, Jacarepaguá, Rio de Janeiro, RJ.

Council, 33º, Ancient & Accepted Rite of Freemason, Southern Jurisdiction[15] que tem em Washington, DC, a *House of the Temple*, a Loja mãe do R.·. E.·. A.·. A.·. no mundo. Nos EUA o R.·. E.·. A.·. A.·. trabalha apenas no Grau 4 a 33 (não opera no simbolismo), exceto em algumas poucas Lojas regulares no extremo sul dos EUA (Texas e Luisiana), e tem a Instalação de um Mestre da Loja feita

Fig. 6 – Andrew Michael Ramsay (fonte: *Scribedia, feb. 2015*)

pelo Ritual do Rito de York, pois, no simbolismo, trabalha no Rito de York. Espelhado na Maçonaria norte-americana, as Grandes Lojas brasileiras adaptaram o Ritual de Instalação de um Venerável Mestre do Rito Adonhiramita (vertente francesa, como o R.·. E.·. A.·. A.·.). Posteriormente, o GOB procedeu da mesma maneira. É importante ressaltar que, exceto em alguns poucos países latinos e no Brasil, não existe Ritual de Instalação de um Venerável no R.·. E.·. A.·. A.·.. Semelhantemente no Brasil, ocorreu o mesmo no Rito Moderno, no Rito Brasileiro e no Rito Schröder e, posteriormente,

[15] *The Supreme Council, 33º, Ancient & Accepted Scottish Rite of Freemasson, Southern Jurisdiction, Washingon, DC – 1733, 16th Street, N.W., Duport Circle, Washington, D.C.*.

no Rito Escocês Retificado. Em todo o mundo, exceto no Brasil, não existe Ritual de Instalação no Rito Moderno e no Rito Schröder.

Em 1967, na gestão de Álvaro Palmeira[16] como Grão-Mestre Geral do GOB, foi impresso o Ritual de Instalação. Os Grandes Orientes independentes herdaram, em 1973, o mesmo Ritual.

Adquiriu-se o costume brasileiro de se opor ao nome do Mestre Maçom instalado a sigla MI como rótulo de Mestre Instalado, Venerável ou ex-Venerável. No Reino Unido, títulos acadêmicos ou títulos de nobreza incorporam-se ao nome civil da pessoa. Por exemplo: PhD (em latim *Philosophiae Doctor*) é incorporado ao nome de um graduado como doutor em ciências. Mas MI não é título acadêmico nem título de nobreza e não se está no Reino Unido. Outro erro: nos livros de frequência, no GOB, na pergunta "qual é seu Grau?" Responde-se erroneamente: MI. Mestre Instalado é uma "categoria especial honorífica", não é Grau, nem título.

5. AVENTAL DE MESTRE INSTALADO:

Para terminar, apresenta-se, abaixo, as características do avental de um MI do Ritual de Emulação (Fig. 7). O Mestre Instalado utiliza um avental parecido com o Avental de Mestre Maçom: fundo de pele branca (em geral pele de carneiro ou "pele" sintética), orlado de azul-celeste em todo o seu contorno. Isso porque o simbolismo, na Maçonaria britânica e norte-americana, são chamadas "Lojas Azuis". Porém, em lugar das três rosetas, traz três símbolos, que, nesse momento, chamar-se-ão de "Tau (Taus) invertidos", sendo um no centro da abeta e dois na parte inferior; um de cada lado, de metal prateado (no Ritual de Emulação). Na verdade, não são Taus. Tau é a décima nona letra do alfabeto grego, que no sistema numérico grego vale 300:

---

[16] Álvaro Palmeira nasceu no Rio de Janeiro, em 1889 e faleceu no Rio em 1992. Foi médico, professor e diretor da Faculdade de Medicina do Rio de Janeiro. Iniciado em 1920. Foi Grão-Mestre do GOB de 1963 a 1968. Em sua gestão deu início à construção da administração do GOB em Brasília, reimplantou o Rito Brasileiro, editou o Ritual de Instalação e fez o tombamento do Palácio do Lavradio no Rio de Janeiro.

Tτ

Não há nenhuma razão para que o Tau seja invertido, pois, não é Tau. Trata-se de um esquadro para projetista, chamado, em inglês, *T-square*; em português, "régua-T" (Fig. 8). Os místicos gostam de usar Tau, pois os antigos diziam que é o símbolo da vida. Os cristãos primitivos diziam que o Tau é o símbolo da cruz cristã. Porém, esses místicos não explicam o porquê do Tau estar invertido no avental. Há uma terceira explicação: trata-se de "linhas perpendiculares sobre linhas horizontais", isto é, a especial reverência à habilidade de se levantar uma perpendicular, "imitando um rudimentar nível". Esta explicação encontra-se na descrição do avental de MI, na Constituição da Grande Loja da Escócia.

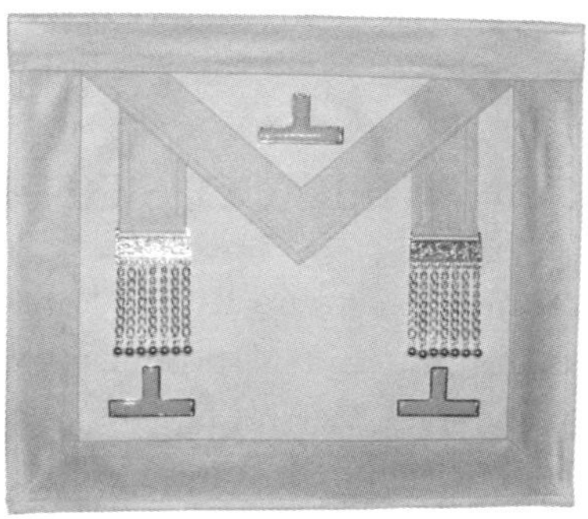

Fig. 7 – Avental de Mestre Instalado do Ritual de Emulação

Junto à ponta inferior do triângulo, duas fitas azul-celeste com franjas, formadas por sete elos prateados e pequenas esferas também prateadas, simbolizando as sete artes liberais (Gramática, Retórica, Lógica, Aritmética, Geometria, Música e Astronomia); ou, para alguns, representa os sete Mestres Maçons que, sem a presença dos quais, uma Loja não pode ser aberta. Uma vez Instalado, o Mestre Instalado jamais poderá usar o avental com rosetas, mas poderá usar o avental de Aprendiz em Sessões que signifique

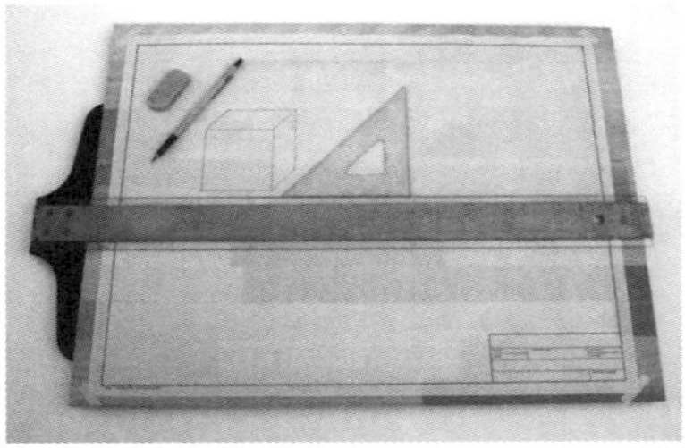

Fig. 8 – "*T-square*" ou régua-T sobre uma mesa de projetista

humildade, modéstia, simplicidade, reverência ou deferência, como, por exemplo, uma Sessão Ritualística Fúnebre (Pompa Fúnebre). Em Aventais britânicos, há, também, uma serpente prateada usada para fechar e/ou juntar as cordas/cintas para prender o Avental. No primeiro e segundo Graus, não existe qualquer metal nos Aventais. O Aprendiz ou Companheiro foi, teoricamente, despojado de todos os seus metais e transmutou-os em riquezas espirituais.

6. CONSIDERAÇÕES FINAIS:

Pode-se dizer que, exceto no Ritual de Emulação e no Rito de York, não existe no mundo (salvo poucas exceções) Ritual de Instalação de um Venerável Mestre. No Brasil, nas três Obediências regulares, existe o Ritual de Instalação na vertente anglo-saxã (Ritual de Emulação e Rito de York) ou no Ritual de Instalação na vertente francesa (R.·. E.·. A.·. A.·., Rito Moderno, Rito Adonhiramita, Rito Schröder (que não é francês), Rito Brasileiro e Rito Escocês Retificado). Há pequenas variações entre as duas vertentes, na lenda, nos sinais, toques e palavra sagrada do MI. Há diferenças, também, no avental de MI. Em alguns Ritos, não existe avental de MI, como no Rito Schröder; usa-se o avental de Mestre Maçom.

Qual a justificativa britânica de se promover a Cerimônia de Instalação de um Mestre da Loja? O V.·. M.·. precisa conservar um ardente e veemente apego e atenção pelo labor maçônico. A Loja depende dele. Deve haver uma calorosa decisão de sempre realçar a dignidade e a nobreza da Ordem. E, indiscutivelmente, recebe mais poder pelo uso de uma cerimônia pomposa e impressiva ao tomar assento na cátedra do Mestre da Loja, simbolicamente o Trono do Rei Salomão. A confirmação da autoridade efetiva ocorre no momento em que o V∴ M∴ é solenemente instalado na cátedra do Mestre da Loja. Como gostam os britânicos: "*Pomp and Circunstance*" (Pompa e Circunstância).

AGRADECIMENTOS:

O Autor agradece as informações prestadas pelos IIrm∴ HERCULE SPOLADORE (Londrina, PR), RUI JUNG NETO (Porto Alegre, RS), RUBEN LUZ DA COSTA (Florianópolis, SC) e PEDRO JUK (Morretes, PR), sem as quais esse ensaio não poderia ter sido elaborado.

REFERÊNCIAS BIBLIOGRÁFICAS:

ASLAN, N. "*Grande Dicionário Enciclopédico de Maçonaria e Simbologia*". 3ª ed.. Londrina: "A TROLHA", 2012. v. II.

BORGES, H. & Cavalcante, S. "*Rito York*". (Norte-americano). João Pessoa: Imprel, 2008.

CARVALHO, F. A. "*Ritos & Rituais.*". Londrina: "A TROLHA", 2008. v. 5

CASTELLANI, J. "*O Mestre Instalado*". São Paulo: ed. Independente, 2012.

Castellani, J. "O Mestre Instalado". **"A TROLHA"**, Londrina, nº 94, pag. 34, ago. 1994.

DI GIAIMO NETO, A. "*Instalação do Venerável Mestre*". **JB News**, Florianópolis, nº 995, 25.mai.2013.

DWOR, M. S. "*History of the Installation Ritual*". Australia and New Zeland: The Lectern. Sept. 2008. Disponível em: http://the-lectern.blogspot.com.br/2008/09/history-of-installation-ritual.html Acessado em 10.fev.2016.

Dupuy, L. N. M. *"Histórico do Rito Adonhiramita"*. Maçonaria, Lojas Maçônicas e Maçons, 2001. Disponível em: http://mictmr.blogspot.com.br/2006/06/histrico-do-rito-adonhiramita.html Acessado em 10. fev. 2016.

DYER, C.F.W. *"O Simbolismo na Maçonaria"*. São Paulo: Madras, 2010.

ELoI. *"The Installing Master's Guide"*. Emulation Lodge of Improvement. London: Lewis Masonic, 1990.

ISMAIL, K. *"A Instalação de um Venerável Mestre"*. No Esquadro, 2011. Disponível em: http://www.noesquadro.com.br/2011/05/instalacao-de-um--veneravel-mestre.html Acessado em 10. fev. 2016.

ISMAIL, K. "**Desvendando o "Triplo Tau**". No Esquadro, 2011. Disponível em: http://www.noesquadro.com.br/2011/10/desvendando-o-triplo-tau.html Acessado em 10. fev. 2016.

JUK, P. "Mestre Instalado é Grau ?" **JB News,** Florianópolis, nº 410, 15.out.2011.

LEADBEATER, C.W. *"A Vida Oculta na Maçonaria"*. 17ª ed. São Paulo: Pensamento, 2009.

MACLEOD, G. *"The Installation Ceremony"*. Pietre-Stones Review of Freemasonry, 2008. Disponível em: http://www.freemasons-freemasonry.com/macleod.html Acessado em 10.fev.2016.

MCCLENACHAN, C.T. *"History of Freemasonry in New York"*. New York: Publ. by The Grand Lodge, 1892. Original está na Cornell University Library. e-Book: Disponível em: https://archive.org/stream/cu31924097851376#page/n0/mode/2up . Acessado em 10.fev.2016.

PRESTON, W. *"Illustration of Freemasonry"*. 12th edition. London: G. Wikie, 1812. Original na Library of Princeton University. Google e-Book: Disponível em: https://books.google.com.br/books?id=YodQAAAAYAAJ&printsec=frontcover&hl=pt-BR#v=onepage&q&f=false Acessado em 10.fev.2016.

REDMAN, G. *"Rito de York Atualizado"*. (Trabalho de Emulação e Aperfeiçoamento). São Paulo: Madras, 2011.

Siete Maestros Masones. *"La Logia Viva"*. Barcelona: Obelisco, 2006.

SPOLADORE, H. *"Maçonaria Adonhiramita"*. (Alguns esclarecimentos sobre o Rito e outros comentários). **JB News,** Florinaópolis nº 1.159, 4. nov. 2013, Republicado em **JB News** nº 1712, 7. jun. 2015. Também em Disponível em: http://blog.msmacom.com.br/maconaria-adonhiramita/ Acessado em 10.fev.2016.

MEMORIAL NACIONAL MAÇÔNICO DE GEORGE WASHINGTON

Liberty, when it begins to take root,
is a plant of rapid growth.
("A Liberdade é uma planta que cresce depressa,
quando ganha raízes.")
George Washington[1]

Felicidade e responsabilidade moral
são inseparavelmente ligados.
George Washington

1. INTRODUÇÃO:

The George Washington Masonic National Memorial (o Memorial Nacional Maçônico de George Washington) comporta: um memorial, um museu, um Templo Maçônico muito utilizado, uma biblioteca, um espaço cultural, um centro de artes e um importante marco nacional. Está localizado em Alexandria, Virginia, EUA, à margem oeste do Rio Potomac, a 9,6 km de Washington, Distrito de Columbia. Trata-se de uma estrutura neoclássica de nove andares, construída e mantida pela Maçonaria norte-americana, na qual é preservada a memória de George Washington e a história e a

[1] Carta a James Madison, 2 de março de 1788. James Madison (1751-1836) foi o 4º Presidente dos EUA (1809-1817), conhecido como "Pai da Constituição".

herança da Maçonaria. A missão do Memorial é inspirar a humanidade através da educação para emular e promover as virtudes, o caráter e a visão de George Washington o homem, o Maçom e o Pai da Pátria norte-americana.

2. GEORGE WASHINGTON:

George Washington (Fig. 1) nasceu em 22 de fevereiro de 1732, no condado de Westmoreland, Virginia, e faleceu em 1799, em *Mount Vernon*, Virginia. Foi o primeiro presidente dos EUA (1789-1797); comandante em chefe do Exército Continental durante a Guerra Revolucionária Norte-americana, e um dos Fundadores – O Pai da Pátria. Presidiu a convenção que esboçou a Constituição dos EUA. Amplamente admirado pelas suas qualidades de liderança e honestidade, Washington foi eleito presidente nas eleições nacionais de 1789. Washington estabeleceu muitos precedentes, ainda em uso hoje, como o juramento sobre a Bíblia, o discurso de posse e o uso do título *Mister President* (até hoje os presidentes norte-americanos não podem ser chamados de Excelências, apenas Senhor Presidente).

Fig. 1 – Portrait de George Washington (Germantown, Philadelphia, 1797

Nascido na pequena aristocracia provinciana da Virginia Colonial, tornou-se oficial britânico na milícia colonial. Em 1775, o Segundo Congresso Continental norte-americano designou Washington comandante-em-chefe do exército norte-americano na Revolução Americana. Nesse comando, ganhou dos britânicos em Boston, em 1776, mas perdeu em *New York City*. Depois, derrotou os britânicos em Delaware e retornou a *New Jersey* restaurando territórios à causa norte-americana. Derrotou os britânicos em Saratoga, em 1777, e em Yorktown, em 1781. Os historiadores louvam Washington pela seleção e supervisão de seus generais, pela preservação e comando do exército, pela coordenação com o Congresso, com os governadores de estado e atenção à sua milícia, suprimentos, logística e treinamento. Após a vitória final em 1783, Washington renunciou ao cargo de comandante-em-chefe e, não aceitou tomar o poder como lhe foi oferecido, tornando-se um caudilho. Assumiu seu compromisso com o republicanismo americano e retirou-se. É famosa sua frase: "*Discipline is the soul of an army*" (A disciplina é a alma de um exército) – carta de Instruções aos Capitães de Regimento da Virginia, 1759.

George Washington presidiu a Convenção Constitucional de 1787. Foi eleito presidente dos EUA em 1789, vencendo outros 3 Candidatos. Não aceitou ser Candidato único. Enquanto presidente, manteve sua frequência em sua Loja Maçônica. Foi reeleito para um 2º mandato em 1792. No cargo de presidente, trabalhou para unificar facções rivais, preservou a liberdade, especialmente, a liberdade de expressão; saldou todas as dívidas no âmbito federal e estadual; implementou um sistema fiscal eficaz e criou um banco nacional. Evitou uma guerra com a Grã-Bretanha, garantindo uma década de paz. Implementou um comércio internacional rentável. Permaneceu apartidário. Saiu da presidência em 1797, retornando à sua casa em *Mount Vernon*, onde dedicou-se à agricultura.

Na quinta-feira, 12 de dezembro de 1799, Washington passou várias horas inspecionando a cavalo as suas plantações, na neve, granizo e chuva congelante. Na sexta-feira, com garganta inflamada andou pela neve, marcando árvores que ele queria cortar. No sábado, acordou com severa dificuldade em respirar e incapaz de falar ou engolir. Washington faleceu nesse sábado, 14 de dezembro de 1799, à noite. Foi enterrado em *Mount Vernon*, onde sua tumba permanece até hoje. Morreu com as mesmas posses que tinha antes de ser presidente.

Após sua morte, Washington foi louvado como "o primeiro na guerra, o primeiro na paz e, principalmente, o primeiro nos corações de seus compatriotas".

A crença religiosa de George Washington tem sido debatida por historiadores e biógrafos por mais de dois séculos. Era afiliado à Igreja Anglicana e, mais tarde, à Igreja Episcopal, sucessora da Igreja Anglicana nos EUA. Historiadores concordam que Washington era deísta. Ele usava palavras como "Deus" ou "Providência" evitando usar "Jesus" ou "Cristo". Na época, deísmo era uma perspectiva teológica, compatível em ser episcopal. Washington, na verdade, era um racionalista e acreditava na oração a Deus. Na função de comandante do exército e de presidente, foi promotor da tolerância para todas as denominações religiosas; talvez, por influência de sua Instrução Maçônica. Acreditava que qualquer religião era um importante apoio para a ordem pública, para a moral e para a virtude. No Exército, suprimiu as celebrações anticatólicas promovidas por evangélicos.

3. GEORGE WASHINGTON MAÇOM:

Atraído pelo iluminismo, racionalismo e pela fraternidade maçônica, procurou alguns maçons que o aceitaram e o orientaram para sua iniciação. George Washington foi iniciado em 4 de novembro de 1752, em Fredericksburg, Virginia, na Loja Fredericksburg n° 4 que existe até hoje. Foi exaltado Mestre Maçom em 4 de agosto de 1753, na mesma Loja (Fig. 2). Em 1788, foi eleito o primeiro Venerável Mestre da *Alexandria Lodge, nº 22*, hoje *Alexandria-Washington Lodge* e reeleito em 1789.

Em 1777, uma convenção maçônica na Virginia recomendou que Washington fosse eleito Grão-Mestre da recém-criada Grande Loja da Virginia. Washington recusou o convite porque dizia que, na época, nunca tinha sido Instalado Mestre da Loja, ou mesmo Vigilante e, portanto, não se considerava maçonicamente apto a servir como Grão-Mestre. A Grande Loja da Pennsylvania nomeou Washington como "Grão-Mestre Geral dos Treze Estados Unidos Americanos", e ele declinou, igualmente. Dessa vez, recusou porque disse que esse Grão-Mestrado não existe.

Fig. 2 – George Washington – Maçom. (impresso de 1866. Imagem disponível na Biblioteca do Congresso dos EUA, Divisão de Impressos e Fotografias)

Tomou posse como primeiro presidente dos EUA, em 30 de abril de 1789, em *New York* (então capital dos EUA), no *Federal Hall* em *Wall Street* (Fig. 3). Fez o juramento perante o ministro

Robert R. Livingston (1746-1813) então *Chancellor of New York*. O ministro Livingston era Maçom, Grão-Mestre da Grande Loja de Nova Iorque (1784-1800). A biblioteca da Grande Loja de Nova Iorque chama-se, hoje, *The Chancellor Robert R Livingston Masonic Library of Grand Lodge*. Washington jurou sobre a Bíblia da *St. John's Lodge No. 1, Ancient York Masons Lodge in New York*. Nessa mesma Bíblia fizeram juramento quase todos os presidentes dos EUA, até hoje.

O ponto alto de sua carreira maçônica foi, em 18 de setembro de 1793, quando ele lançou a Pedra Fundamental (pedra angular) do Capitólio dos EUA (Fig. 4 e 5), conforme as tradições maçônicas, no canto noroeste do futuro edifício, paramentado com seu Avental e numa completa e litúrgica Cerimônia Maçônica. Seus paramentos eram de V.·. M.·. de Honra de sua Loja *Alexandria Lodge*.

Em 1993, em comemoração ao bicentenário da Cerimônia Maçônica de colocação da Pedra Fundamental no Capitólio, várias Lojas maçônicas da Virginia, do Distrito de Columbia e de Maryland realizaram a reprodução da Cerimônia de 1793 (Fig. 6).

Fig. 3 – George Washington – maçom (*George Washington University*

Fig. 4 – Cerimônia Maçônica no canto noroeste, 1793
(ilustração que se encontra no Salão do Capitólio)

Fig. 5 – Cerimônia maçônica de colocação da pedra angular, presidida pelo presidente dos EUA, George Washington (ilustração que se encontra no Capitólio)

Em seguida, parte do discurso de George Washington na Cerimônia de 1793 no Capitólio foi repetida em 1993: "As virtudes mais benignas do coração são altamente respeitadas por uma sociedade cujos princípios liberais devem ser fundamentados nas leis da verdade e da justiça. Para ampliar a amplitude da felicidade social, é emblemático e digno a benevolência da Ordem Maçônica. Deve-se convencer a humanidade de que o grande objetivo da Maçonaria é promover a felicidade do ser humano".

Fig. 6 – *U.S. Capitol Bicentennial Cornerstone Ceremony*, 18 de setembro de 1993

4. O PROJETO DO MEMORIAL GEORGE WASHINGTON:

As duas Lojas mais estreitamente associadas a George Washington são *Fredericksburg Lodge* (em Fredericksburg, Virginia) e Alexandria-Washington (em Alexandria, Virginia). A primeira foi onde Washington foi iniciado. A segunda foi onde Washington foi eleito "*Charter Master*" da Grande Loja da Virginia. "*Charter Master*" é um proeminente e importante maçom que é escolhido para receber, em nome da nova Loja, a sua carta constitutiva. Este título honorífico existe até hoje em várias Lojas dos EUA.

Não se sabe quando foi fundada a Loja Fredericksburg. Atribui-se a 1 de setembro de 1752, data da primeira sessão, sob autorização da Grande Loja Provincial de Massachusetts. A primeira carta constitutiva foi concedida em 21 de julho de 1752 pela Grande Loja da Escócia.

A Loja de Alexandria, Virginia, teve autorização de funcionamento em 3 de fevereiro de 1783, como nº 39. Em 22 de abril de 1788, a Loja recebeu sua carta constitutiva da Grande Loja da Virginia, com o nº 22. Nessa data, George Washington foi escolhido o "*Charter Master*". Depois do falecimento de George Washington, a Loja foi rebatizada, pela Grande Loja da Virginia, como *Alexandria-Washington Lodge*, nº 22.

A família de George Washington doou à Loja Alexandria-Washington, vários pertences do *Charter Master*. Mas a Loja não tinha local adequado para exibição permanente desses artefatos. Além disso, um pequeno incêndio, em 1871, destruiu alguns inestimáveis e significativos pertences de Washington.

A primeira ideia de construir um Memorial a George Washington partiu da Loja Fredericksburg em 1852, mas a ideia não prosperou.

Em 1909, Bro. Charles H. Callahan, 1º Vigilante da Loja Alexandre-Washington, adquiriu vários lotes em *Shuters Hill* (ou *Shooters Hill*), Alexandria e doou-os à Loja. Essa colina havia sido considerada por Thomas Jefferson (1745-1826, 3º presidente dos EUA) e por James Madison Jr (1751-1836, 4º presidente dos EUA) como o local ideal para a construção do edifício do Capitólio dos EUA. Após consulta, o Grão-Mestre da Virginia, Joseph W. Eggleston, convidou todos os Grão-Mestres dos EUA para formarem uma associação, objetivando planejar e construir um Memorial dedicado ao maçom George Washington. Vinte e seis Grandes Lojas responderam positivamente e aprovaram uma associação – *The George*

Washington Masonic National Memorial Association – para construir o Memorial, em 22 de fevereiro de 1910. Foi eleito primeiro presidente Thomas J. Shryock, Grão-Mestre da Grande Loja de Maryland e brigadeiro-general da Guarda Nacional de Maryland.

O plano de um edifício do Memorial foi aprovado dez anos após (1919).

O planejamento foi de uma torre de 101 m de altura, com o formato do que se pensa que era o Farol de Alexandria, no Egito. A Cerimônia do início da construção aconteceu em 5 de junho de 1922, comandada por Louis A. Watres, presidente do *The George Washington Masonic National Memorial Association* e *past*-Grão-Mestre da Grande Loja da Pensilvânia e pelo *past-master* da Loja de Alexandria-Washington, Bro. Charles H. Callahan. Teve início a construção com fundos destinados a cada etapa do projeto. Até o final da construção, nenhum empréstimo foi feito. Cada etapa só era iniciada quando os fundos para aquela etapa estivessem já em caixa.

Fig. 7 – Memorial Nacional Maçônico George Washington

O Memorial situa-se na denominada, hoje, *drive Callahan*, nº 101, homenagem a Charles H. Callahan, o Maçom que adquiriu os terrenos onde se encontra o Memorial.

Em 1 de novembro de 1923, foi realizada a Cerimônia da Pedra Fundamental do Memorial, sendo presidente da Associação, Bro. Calvin Coolidge. Participaram milhares de Maçons de todo o país. A Grande Depressão não paralisou as obras do Memorial. Muitos Maçons, fielmente e de forma constante, contribuíram para a construção do Memorial.

Em 12 de maio de 1932, ano do bicentenário de nascimento de George Washington, o Memorial foi dedicado ao Pai da Pátria, George Washington. A cerimônia teve a anuência e participação do presidente dos EUA, Herbert Clark Hoover (1874-1964, 31º Presidente dos EUA) que não era maçom. Participaram da cerimônia de dedicação cerca de 150.000 pessoas, incluindo quase toda a Câmara de Representantes dos EUA, que suspendeu suas sessões; a maioria dos membros do Senado Federal, bem como uma série de embaixadores estrangeiros, incluindo o do Brasil, embaixador Rinaldo de Lima e Silva[2]. Participaram também cerca de 3.000 Cavaleiros Templários. Quando chegou o presidente dos EUA e quase todo o seu gabinete, houve uma salva de 21 tiros, partindo de 3 navios da Guarda Costeira dos EUA.

Durante a Cerimônia de dedicação, foram usados vários pertences de George Washington: havia a Bíblia que Washington jurou seu compromisso durante sua iniciação na *Fredericksburg Lodge*, em 1752; a Bíblia sobre a qual Washington fez seu juramento presidencial, em 1789, a Trolha e o Malhete usados por Washington, quando colocou a Pedra Fundamental no edifício do Capitólio dos EUA (Fig. 4 e 5). A Sagração do local foi uma

---

2 Rinaldo de Lima e Silva, nasceu em Porto Alegre, em 1874 e faleceu em Bruxelas, Bélgica, em 1935. Foi Embaixador Extraordinário e Plenipotenciário do Brasil em Washington, de 1931 a 1934, nomeado pelo presidente Getúlio Vargas.

Cerimônia Maçônica, muito semelhante à sagração de um Templo Maçônico, usando vinho, óleo e milho. A invocação religiosa foi feita pelo Rev. W. Bertrand Stevens, bispo da diocese episcopal de Los Angeles e a bênção foi dada pelo Rev. Dr. William J. Morton, Reitor da Igreja Episcopal de Cristo, Alexandria, a mesma Igreja frequentada por George Washington.

O trabalho no interior do Memorial teve início após a 2ª Guerra Mundial. A construção do Memorial foi concluída em 1970. Em 1999, foi feito o grande gramado em frente ao Memorial, onde se acha ajardinado um grande esquadro e compasso (Fig. 8).

Fig. 8 – Jardim visto do deck de observação do Memorial

5. O INTERIOR DO MEMORIAL:

As Colunas que formam o pórtico, na sala de reunião do piso térreo do Memorial, são Dóricas (Colunas da Força). As Colunas do segundo andar são Jônicas (Colunas da Sabedoria) e as do terceiro andar são Coríntias (Colunas da Beleza).

O Memorial é composto por nove pisos. No primeiro andar (térreo), encontra-se o Grande Salão Maçônico. Apresenta oito grandes Colunas de granito verde, sendo quatro de cada lado. Tem 20 m de comprimento por 20 m de largura e 6,1 m de altura. Há 12 dioramas (representação de uma cena inserida num fundo, pintado realisticamente, dando impressão de serem janelas) localizadas nesse salão. Na extremidade ocidental, há um refúgio com o busto de bronze de George Washington; o nicho semicircular contém dioramas, retratando eventos maçônicos (Fig. 9). Outro nicho semicircular contém busto esculpido em mármore de George Washington, e fundo com dioramas (Fig. 10). Grandes, pequenas e médias salas de reunião estão no norte e no sul do Grande Salão. As três salas do lado norte contêm documentos com a história e as atividades

Fig. 9 – Nicho com busto de bronze de George Washington e foto do Autor deste ensaio. Fundo com dioramas

da ***Shriners International*** (Fig. 11). A *Shriners International* é uma associação dependente da Maçonaria, criada em 1870, com sede em Tampa, Flórida. É uma sociedade fraterna, baseada na verdade e em princípios maçônicos. Existem cerca de 350.000 Membros em 195 capítulos nos EUA, Canadá, Brasil, México, Panamá, Filipinas, Porto Rico, Europa ocidental e Austrália. É conhecida no mundo pelos Hospitais para Crianças Shriners. Seus membros usam barretes vermelhos ou fez (*red fezzes*).

A sala de tamanho médio no sudoeste do Grande Salão contém uma exposição sobre a Maçonaria (Fig. 12). A sala de reuniões de tamanho médio (*The George Washington Room*) e a sala de reuniões de grande porte (*The Andrew Jackson Room*) do lado sul são fechadas ao público. Andrew Jackson (1767-1845) foi o 7º presidente dos EUA, Maçom Iniciado na *Harmony Lodge nº 1*, Nashville, Tennessee e Grão-Mestre de Tennessee (1822-1823).

O segundo andar é o principal piso do Memorial. O pórtico foi inspirado no Parthenon com suas seis Colunas Jônicas (Colunas da Sabedoria) que formam a entrada principal do Memorial (Fig.

Fig. 10 – Nicho com escultura esculpida em mármore e foto do Autor deste ensaio. Fundo com dioramas

Fig. 11 – Logo da Shriners dos EUA

7). As Colunas são de granito rosa com 1,8 m de diâmetro e 10 m de altura, cada uma pesando 63 toneladas. Dentro do Memorial, à esquerda, situa-se a réplica do templo da *Alexandria-Washington Lodge, nº 22*, na época em que Washington era o Venerável Mestre. Essa sala contém vários itens que perteceram a Washington; bem como, mobiliário da época. Atrás da poltrona do Venerável Mestre, aparece o retrato de Washington com seu Traje Maçônico (Fig. 13). Esse templo é utilizado para algumas Sessões da Loja Alexandria-Washington, bem como outras Lojas Maçônicas que desejam realizar Sessões ao visitar o Memorial. No lado norte, fica o *North Lodge Room*. Trata-se de um Templo da "*Andrew Jackson Lodge, nº 120*", bem como de Lojas visitantes que desejam usá-lo.

O salão desse segundo andar é o *Memorial Hall*. Com 30 m de comprimento, 20 m de largura e 10 m de altura. O teto é apoiado por oito Colunas de granito verde, quatro de cada lado. Cada Coluna tem 11,7 m de altura, 1,2 m de largura na base e pesa 63 toneladas cada. Na extremidade ocidental do salão, está colocada uma estátua de bronze de Washington com 5,2 m de altura, pesando 7 toneladas (Fig. 14). Nos cantos do salão, estão quatro grandes luminárias de bronze, de 2,4 m de altura, doadas pela Ordem Estrela do Oriente. A Ordem Estrela do Oriente (*Order of the Eastern Star*) é uma organização dependente da Maçonaria (uma organização paramaçônica), onde fazem parte maçons e mulheres

Fig. 12 – Sala de exposições sobre Maçonaria e foto do Autor deste ensaio

Fig. 13 – Foto do Autor em frente à réplica do Templo da Loja Alexandria-Washington

com parentesco maçônico. Fundada em 1850 nos EUA, tem ritualística própria; usa os Templos Maçôncos e tem aproximadamente 1.200.000 membros em todo o mundo.

Está presente nos EUA, na Europa ocidental, México, Panamá, Filipinas, Japão, Porto Rico, Austrália, Canadá, Brasil, Peru e Bolívia. Na face norte e sul do Memorial Hall, existem retratos de George Washington assistindo a um serviço religioso em sua Igreja em Alexandria e Washington, em Traje maçônico, colocando a Pedra Fundamental no edifício do Capitólio (cópia do retrato da Fig. 5).

Fig. 14 – Estátua de George Washington no *Memorial Hall* e foto do Autor deste ensaio

Atrás do *Memorial Hall*, em direção ao oeste, existe o *Memorial Theater*, semicircular e projetado para acomodar 1000 pessoas. Hoje, depois de reconfigurado, permite 358 pessoas sentadas. O teatro tem um teto em forma de leque e tem 16 Colunas de mármore em torno de seu semicírculo. No mezanino, estão 14 retratos dos presidentes dos EUA que foram Maçons. (Na verdade, existem 15 presidentes dos EUA que foram Maçons. Provavelmente, não aparece no mezanino o Pres. Lyndon B. Johnson porque esse foi o único presidente que foi apenas Aprendiz Maçom. Esta conjectura é do Autor deste ensaio). Por trás do palco, há um retrato de George Washington.

A torre contém, do terceiro ao nono andar (Fig. 7), o relatado abaixo. Pode-se ver na Fig. 7 que as áreas dos andares superiores são menores do que as dos andares inferiores. O terceiro andar é um museu sobre a história da Maçonaria e a Caridade Maçônica. O quarto andar é o museu de George Washington, mantido com recursos do Supremo Conselho, Grau 33°, do Rito Escocês Antigo e Aceito, Jurisdição Sul[3] e Norte[4] dos EUA. Contêm muitos artefatos que pertenceram a George Washington. O quinto andar é dedicado a exposições do Real Arco (norte-americano)[5]. A arquitetura desse andar é estilo neoegípcio e hebraico antigo. Contém uma réplica da Arca da Aliança (*Ark of the Covenant*) dourado (Fig. 15).

Fig. 15 – Réplica da Arca da Aliança

O sexto andar é a Biblioteca do Memorial.

O sétimo andar é dedicado à Maçonaria Críptica[6]. A sala é uma réplica da cripta que supostamente havia no Templo de Salomão, onde eram mantidos os segredos e os tesouros.

O oitavo andar é uma capela dedicada aos Cavaleiros

---

[3] *The Supreme Council, 33°, Ancient & Accepted Scottish Rite of Freemasson, Southern Jurisdiction, Washingon, DC.*

[4] *The Supreme Council, 33°, Ancient & Accepted Scottish Rite of Freemasson, Northern Jurisdiction, Lexington, Ma.*

[5] *Royal Arch Capitular Masonry* é a primeira parte do Rito de York (norte-americano). Existe, também, o Arco Real como grau complementar na Maçonaria britânica.

[6] *Cryptic Masonry* é a terceira parte do Rito de York (norte-americano) e o último encontrado dentro do Rito de York que trata da Lenda de Hiram.

Templários[7]. Apresenta um estilo gótico francês. Há bonitos vitrais na capela templária.

O nono andar contém um mirante e uma sala para *The Tall Cedars of Lebanon.* "Os Cedros Altos do Líbano" é um grau adicional que tem o lema "*Fun, Frolic & Fellowship*" (Diversão, Alegria & Companheirismo). Praticam a caridade e jantares festivos. Seus Membros se vestem de palhaços e fazem divertimentos a crianças enfermas em hospitais. Na sala do nono andar, há uma réplica do que se pensa ser o trono do Rei Salomão (Fig. 16) e um Mar de Bronze, mar da purificação ou mar de fundição (*brasen sea, molten sea*) segundo *The Tall Cedars of Lebanon.*

A torre do Memorial é coroada por uma pirâmide de sete degraus (Fig. 7). A luminária no topo da pirâmide tem a forma de uma dupla Pedra Angular.

Fig. 16 – Trono do Rei Salomão e mar de bronze na sala "*The Tall Cedars of Lebanon*

[7] *Knights Templar* é uma ordem internacional de cavalaria pertencente à Maçonaria. É destinada somente a Maçons que professam a religião cristã. É o último Grau do Rito de York (norte-americano). O nome completo é "*The United Religious, Military and Masonic Orders of the Temple and of St John of Jerusalem, Palestine, Rhodes and Malta*". Existe, também, o Grau de Cavaleiro Templário na Maçonaria britânica.

O Memorial fica num parque de 15 hectares (150.000 m^2).

A cada hora, há um tour com guia, pelo Memorial, aberto a todos (Maçons e não Maçons).

6. CURIOSIDADES:

O Memorial já foi alvo de atividades criminosas. Por duas vezes, os murais do segundo andar foram vandalizados. Em 1960, na primeira vez, num dos murais, foram cortados cerca de 22cm de sua pintura. Na segunda vez, em 1965, foram cortadas duas porções de outro mural. Os vândalos não foram capturados; provavelmente, eram antimaçons. Os dois murais foram restaurados.

Em outro incidente, também na década de 1960, vândalos arrancaram árvores, serraram muitos pinheiros e sempre-vivas (*evergreens*). Em 1970, nova investida nos pinheiros, provavelmente, para compor árvores de Natal. Mas, além disso, quebraram as janelas com pedras e cortaram cercas para uso como lenha. Vandalismo praticado, provavelmente, também, por antimaçons.

Em 2005, a CIA descobriu um plano terrorista islâmico contra o Memorial. O atentado seria contra o Memorial, contra o Capitólio dos EUA, contra o edifício do Pentágono e contra a sede do Banco Mundial. O terrorista islâmico foi preso em 2006 e condenado em 2009. Seus comparsas islâmicos foram, posteriormente, condenados no Reino Unido por outros crimes.

O Memorial figurou brevemente, em 2009, no romance de Dan Brown[8], "O Símbolo Perdido", no capítulo 78 (BROWN, 2009).

Vários programas de TV, filmes e documentários foram feitos no e sobre o Memorial.

Estudantes das escolas fundamentais da Virginia e de Washington, visitam frequentemente o Memorial.

---

[8] Dan Brown, romancista norte-americano, nasceu em 1964, em Exeter, *New Hampshire*.

7. CONSIDERAÇÕES FINAIS:

George Washington foi um exemplo de vida: patriota, excelente militar, republicano, corajoso e honesto. Venceu os britânicos. Participou da Declaração da Independência e da elaboração da Constituição dos EUA. Como tal, foi, realmente, O Pai da Pátria. Foi dedicado Maçom, cumprindo fielmente todos seus compromissos na Ordem. É merecedor, portanto, das homenagens que se faz ao Pai da Pátria no Memorial Nacional Maçônico George Washington, EUA.

A grandiosidade do Memorial é compatível com as honrarias a George Washington. É o maior monumento maçônico dos EUA.

Abaixo (Fig. 17), a Joia comemorativa do feriado de 2015: dia de George Washington: dia de seu nascimento em 22 de fevereiro. Entretanto, o feriado federal é celebrado, sempre, na terceira segunda-feira de fevereiro, em honra a George Washington. Em alguns estados é também comemorado o dia do presidente (*The President's Day*).

Fig. 17 – *2015 Commemorative Holiday Ornamen*

REFERÊNCIAS BIBLIOGRÁFICAS:

BROOKHISER, R. "*Founding Father:* Rediscovering George Washington". New York: Free Press, 1996.

BROWN, D. "*Símbolo Perdido*". Rio de Janeiro: Sextante, 2009.

CHERNOW, R. "*George Washington, a Life*". New York: Penguin Press, 2010.

EATON, J. "*George Washington, Homem e Patriota*". Rio de Janeiro: Livraria Clássica Brasileira, 1960.

GWMNMA. "*The George Washington Masonic National Memorial*". The G.W.M.N.M. Association, 2014. Disponível em: http://gwmemorial.org/light-newsletter.php Acessado em 11.fev.2016.

Leite FERNANDES, M. "*George Washington*". São Paulo: Três, 1974.

MAGALHÃES, L. "*George Washington*". Rio de Janeiro: O Cruzeiro, 1970.

MORRIS, S.B. "*American Freemasons and the Spirit of Freedom*". Pietre-Stones Review of Freemasonry, 2008. Disponível em: http://www.freemasons-freemasonry.com/brentmorris1.html Acessado em 11.fev.2016.

MORRIS, S.B. "*Cornestones of Freedom: a Masonic Tradition*". Washington: Supreme Council 33°, 1993.

TABBERT, M.A. "*A Masonic Memorial to a Virtuous Man*". Pietre-Stones Review of Freemasonry, 2008. Disponível em: http://www.freemasons-freemasonry.com/tabbert1.html Acessado em 11.fev.2016.

TABBERT, M. A. "*The George Washington Masonic National Memorial Announces Two Major Masonic Digital History Projects*". Pietre-Stones Review of Freemasonry, 2016. Disponível em: http://www.freemasons-freemasonry.com/phpnews/show_news.php?uid=67 Acessado em 11.fev.2016.

HISTÓRIA DE COMO ALGUNS MAÇONS, UMA CANÇÃO E O PATRIOTISMO PODEM EXTERMINAR O AUTORITARISMO, A CORRUPÇÃO E A IMORALIDADE, NOS SÉCULOS XIX E XXI

Nunca se pode concordar em rastejar,
quando se sente ímpeto de voar.
Hellen Keller[1]

1. PREMISSAS:

Em 2011, esse Autor escreveu um ensaio "Um Hino à Liberdade: "*Va pensiero...*", publicado em "Fragmentos do Esquadro, do Compasso e da Cultura", Florianópolis: ed. PostMix, 2011. Este ensaio está reproduzido abaixo, com algumas modificações e atualizações do séc. XXI. Trata da história de "*Va pensiero...*" da ópera *Nabucco*, de Verdi, história do século XIX.

No final desta história do século XIX, faz-se um adendo

---

[1] Helen Adams Keller, escritora norte-americana, ativista política e conferencista. Nasceu em Tuscumbia, Alabama, em 1880 e faleceu em Easton, Connecticut, em 1968. Foi a primeira pessoa cega, surda e muda a se formar bacharel em artes. Seu local de nascimento é agora um museu. Escreveu muitos livros.

historiando "*Va pensiero...*" no século XXI (item 3). Uma história maçônica, tanto do séc. XIX como do séc. XXI, mas muito atual para a Itália e, também, para o Brasil.

2. A HISTÓRIA – SÉCULO XIX:

Giuseppe Verdi[2], em 1830, já havia composto duas óperas. Em 1833, casou-se com Margherita Barezzi[3], então com 19 anos de idade e foi morar, com a mulher, em Milão. Com ela, teve um casal de filhos. Giuseppe era feliz.

Fig. 1 – Margherita Barezzi, quadro pintado por Augusto Mussini (1870-1918), Museu do *Teatro Alla Scala* de Milão

Margarida Barezzi faleceu em 1840, aos 26 anos, vitimada por uma infecção (encefalite). Meses depois, faleceram seus dois filhos. Giuseppe Verdi desesperou-se. Perdeu tudo: a família, a inspiração e, consequentemente, o emprego. Passou a morar numa pensão, retraindo-se do convívio de todos. Passava todo o tempo lendo a Bíblia.

---

2 Giuseppe Fortunino Francesco Verdi, compositor italiano de óperas, nacionalista e romântico, nasceu em Roncole, província de Parma, em 1813 e faleceu em Milão em 1901.

3 Margherita Barezzi, primeira esposa de Giuseppe Verdi. Nasceu em 1814, em Busseto, província de Parma e faleceu em Milão, em 1840.

Fig. 2 – Giuseppe Verdi – *Portrait* de Giacomo Brogi (1822-1881)

Nessa época, o norte da Itália estava ocupado pela Áustria. Havia uma guerra e o rei *Vittorio Emanuele II*[4], de Saboia, era um

Fig. 3 – *Vittorio Emanuele II, di Savoia*, quadro pintado por Tranquillo Cremona (1837-1878), *Museo Nazionale del Risorgimento, Torino*

[4] Vittorio Emanuele II, da Casa de Saboia, rei da Sardenha e Piemonte, entre 1849 e 1861 e rei da Itália, de 1861 a 1878, primeiro rei após a unificação. Nasceu em Turim, em 1820 e faleceu em Roma, em 1878.

batalhador pelo *Risorgimento*, um movimento iniciado em 1815, que pretendia a unificação italiana. Era um conservador liberal.

A Áustria dominava a Lombardia (região onde se encontra Milão) e o Vêneto (*R. Lombardo-Veneto* – Fig. 4). Os ducados de Parma (região onde nasceu Verdi) e Piacenza, Módena e *Granducato di Toscana* eram regidos pelos arquiduques austríacos. O Piemonte integrava o Reino da Sardenha (*Regno di Sardegna*), o Ducado de Saboia (França) – norte da Itália, passado à França (*Valle d'Aosta*), arredores de Nice (*Nizza*) e Gênova. No centro e sul, havia os Estados Pontifícios (*Stato Pontificio*), o Reino das Duas Sicílias e o Reino de Nápoles (*Regno delle Due Sicilie*). Exceto Saboia que era liberal, todos os demais governos eram absolutistas e autoritários. Mas, hoje, poder-se-ia chamá-los de corruptos e aproveitadores.

Fig. 4 – Mapa da Itália – 1815 a 1861

Giuseppe Verdi era um nacionalista italiano liberal, partidário de Vitor Emanuel e não concordava com a ocupação, autoritarismo e a corrupção austríaca. Sua depressão era causada, não somente pela perda da família, mas também, pelo problema da ocupação do norte da Itália.

Os austríacos, amantes da música, solicitavam a Giuseppe Verdi que compusesse e voltasse a apresentar suas obras. Verdi se recusava.

Com frequência, algum empresário sugeria a Giuseppe que lesse algum libreto, animando-o a voltar a compor óperas. Entretanto, Giuseppe se recusava e dizia que nunca mais iria ler uma linha de música. Um empresário, muito teimoso, deixou para Giuseppe um libreto de Temistocle Solera[5] sobre "*Nabucco*". Verdi retornou à pensão e jogou o libreto sobre uma mesa. Segundo a lenda, o libreto se abriu ao acaso e Verdi se depara com o poema "*Va pensiero sull'alli dorate ....*", traduzindo literalmente: "Vai pensamento, com asas douradas ..." que significa, metaforicamente: "Vai pensamento, o movimento brilhou...." Giuseppe Verdi impressionou-se e entendeu que o destino dedicava estes versos a ele. Mais adiante, o mesmo verso dizia: "*Oh mia patria si bella e perdutta!*" (Oh minha pátria, tão bela e perdida!). Giuseppe Verdi leu todo o libreto. Para quem andava lendo a Bíblia, a história dos hebreus escravos na Babilônia estava presente e atual, na Itália ocupada. Mais: os versos "*Va pensiero ....*" são baseados no Salmo 137: "Junto aos rios da Babilônia, ali nos assentamos e choramos, quando nos lembramos de Sião" (versículo 1). No mesmo Salmo, versículo 3: "Pois lá aqueles que nos levaram cativos nos pediam uma canção; e os que nos destruíram, que os alegrássemos, dizendo: cantai-nos uma das canções de Sião". No versículo seguinte: "Como cantaremos

---

[5] Temistocle Solera, poeta, compositor e libretista italiano, nasceu em Ferrara (Emilia-Romagna), em 1815 e faleceu em Milão, em 1878. Fez vários libretos para óperas de Verdi, destacando *Nabucco* (1842) e *Attila* (1846). Tinha as mesmas ideias políticas de Verdi.

a canção do Senhor em terra estranha?" *Va pensiero* ... e o Salmo 137 calaram fundo em Giuseppe Verdi comparando a situação da Itália e a dominação austríaca. A chama da liberdade brilhou no coração de Verdi. A Itália amargurava sua própria servidão e opressão, dominada pela Áustria. Verdi compreendeu a intenção de Solera: traduzir o drama dos hebreus exilados na Babilônia para a Itália pisoteada e oprimida pela Casa de Habsburg.

Fig. 5 – Fotografia de Temistocle Solera, poeta e libretista italiano

Imediatamente, Giuseppe Verdi começou a compor a ópera *Nabucco*. *Nabucco* é uma ópera em quatro atos, escrita em poucas semanas, em 1842. Conta a história do rei Nabucodonosor[6] da Babilônia. No primeiro ato, o Templo de Salomão, em Jerusalém, é ocupado e destruído por Nabuco. O segundo ato se passa na

[6] Nabucodonosor II, rei da Babilônia da dinastia Caldeia, reinou de 604 a 562 a.E.V.; nasceu *circa* 630 a.E.V. e faleceu em 562 a.E.V.. Em 587 a.E.V. invadiu Israel, destruiu o Templo de Salomão e retornou à Babilônia com os hebreus cativos.

Babilônia e conta a história dos exilados hebreus, seus amores e a tirania de Nabuco. O terceiro ato se passa nos Jardins Suspensos da Babilônia, onde acontece uma profecia: Javé anuncia que ajudará os hebreus a derrotar a Babilônia. Nesse ato, há também, vários lamentos dos exilados recordando a pátria amada. O Coro dos Escravos Hebreus (*Va pensiero ...*) acontece nesse terceiro ato. No quarto ato, Nabuco é feito prisioneiro em seu palácio, arrepende-se e manda libertar os hebreus. O povo judeu reconhece o milagre e louva Javé.

A história da queda de Jerusalém e do exílio dos judeus na Babilônia está em 2 Reis 25: 1-30. Também, consta do livro de Daniel.

A primeira encenação da ópera aconteceu no Teatro Scala de Milão, em 9 de março de 1842. Todas as autoridades austríacas foram convidadas e compareceram à grande estreia. Sentaram no camarote reservado à maior autoridade local. Pensavam, então, que Giuseppe Verdi tivesse aceitado cooperar com os austríacos compondo músicas para seus deleites. No programa distribuído e entregue solenemente às autoridades austríacas, aparece o nome do autor como "Giuseppe V.E.R.D.I." (está no Museu do Teatro Scala de Milão). Ninguém entendeu, então, porque seu sobrenome aparecia em maiúsculo e com pontos. Os austríacos pensaram que Verdi era, realmente, um orgulhoso ostensivo, com vaidade exagerada. Os austríacos só entenderam que estavam numa situação embaraçosa e que haviam sido tolos, parvos e logrados, quando viram a plateia se levantar quando, no terceiro ato, ouviram o Coro dos Escravos Hebreus: "Vai pensamento, o movimento brilhou ...". Os italianos, então, cantaram, junto com os artistas. A plateia italiana aplaudiu, intencionalmente, com antecipação, antes do final do último ato. Giuseppe Verdi explicou, então, o porque V.E.R.D.I.: uma senha, um anagrama: "***Vittorio Emanuele, Re D'Italia***". As autoridades austríacas se retiraram antes do término da ópera.

Logo após a primeira audição da ópera, houve manifestações em Milão com muitos mortos e feridos. Aqui, cabe uma citação

Fig. 4 – Esboço do traje original de Nabucodonosor, 1842 – fonte RAI (*Radiotelevisione Italiana*)

de Thomas Jefferson[7]: "A árvore da liberdade deve ser regada, de quando em quando, com o sangue dos patriotas e dos tiranos. É seu adubo natural". A chama da liberdade começou a brilhar na Itália. *Va pensiero* .... transformou-se num hino para os patriotas italianos identificados com o povo hebreu cativo na Babilônia. A canção, cujo tema é o exílio, expressa nostalgia pela pátria natal: "*Oh mia patria, si bela e perduta*"!

Letra original	tradução para português
Va, pensiero, sull'ali dorate	Vá, pensamento, sobre as asas douradas
Va, ti posa sui clivi, sui colli	Vá, e pousa sobre as encostas e as colinas

[7] Thomas Jefferson, 3º presidente dos EUA (1801-1809), autor da Declaração de Independência (1776), nasceu em Shadwell, Virginia, em 1743 e faleceu em Charlottesville, Virginia, em 1826. Foi protetor e admirador da Maçonaria. Não foi maçom.

Ove olezzano tepide e molli	Onde os ares são tépidos e macios
L'aure dolci, del suolo natal!	Com a doce fragrância do solo natal!
Del Giordano le rive saluta	Saúda as margens do Jordão
Di Sionne le torri atterrate	E as torres abatidas do Sião.
Oh, mia patria si bela e perduta	**Oh, minha pátria tão bela e perdida!**
Oh, membranza si cara e fatal!	Oh lembrança tão cara e fatal!
Arpa d'or dei fatidici vati	Harpa dourada de desígnios fatídicos,
Perche muta dal salice pendi?	Por que você chora a ausência da terra querida?
Le memorie del petto riaccendi	Reacende a memória no nosso peito,
Ci favella del tempo che fu!	Fale-nos do tempo que passou!
O simile di Solima[8] ai fati	Lembra-nos os destinos de Jerusalém.
Traggi un suono di crudo lamento	Traga-nos um ar de lamentação triste,
O t'ispiri il signore un concerto	Ou o que o senhor te inspire harmonias
Che ne infonda al patire virtú!	Isso pode dar a virtude de sofrer
Che ne infonda al patire virtú!	Isso pode dar a virtude de sofrer
Che ne infonda al patire virtú!	Isso pode dar a virtude de sofrer
Al patire virtú!	A virtude de sofrer

As manifestações se alastraram por toda a Itália até que, em 24 de março de 1849, Vitor Emanuel assinou um armistício, em Vignale (na Córsega francesa), com o marechal austríaco Radetzky[9]. Posteriormente, o tratado de paz foi ratificado pelos parlamentos de Sardenha e da Áustria. Porém, somente em 1861, a Itália foi unificada; os austríacos foram expulsos e Vittorio Emanuele II foi coroado rei da Itália, em Turim, unindo-se ao Reino da Sardenha. O Reino da Itália foi governado com base numa constituição liberal. Giuseppe Verdi foi eleito deputado (em 1861) e foi nomeado, pelo rei, senador (em 1874).

---

[8] Sólima, nome de origem árabe para Jerusalém.

[9] Johann Joseph Wenzel Anton Franz Karl, Graf (conde) Radetzky von Radetz, nobre checo e austríaco, marechal de campo, vice-rei da Lombardia-Veneza, entre 1848 e 1857, nasceu em Třebnice, Sedlčany, Bohemia (atual República Checa), em 1766 e faleceu, após um acidente, em Milão, em 1858. Foi imortalizado por Johann Strauss que compôs, em 1848, a famosa Marcha Radetzky, op. 228.

Giuseppe Verdi foi Maçom. Foi iniciado em 1852, na Loja *Cavalieri della Libertà*, de Milão. Na unificação italiana vários maçons tiveram participação importante. Cita-se alguns:

Giuseppe Mazzini (1805-1872), Giuseppe Garibaldi (1807-1882), Camillo Benso, *conte di Cavour* (1810-1861 – *padre della Patria Massonica*) talvez o mais importante, Giosue Carducci (1835-1907) e outros.

V*a pensiero* .... é um hino à liberdade. Tornou-se uma música símbolo do nacionalismo italiano da época e é, até hoje, em todo o mundo, uma canção à liberdade. A história da destruição do Templo de Salomão, do exílio dos hebreus na Babilônia é venerada em vários graus filosóficos na Maçonaria. No R.·. E.·. A.·. A.·., o Grau 15, Cavaleiro do Oriente ou da Espada; no Rito Moderno, o Grau 6, Cavaleiro do Oriente; no Rito Brasileiro, Grau 15, Cavaleiro da Liberdade; no Rito Adonhiramita, Grau 15, Cavaleiro do Oriente ou da Espada ou da Águia; e na Maçonaria britânica, no Sagrado Arco Real. A história essencial dos judeus cativos na Babilônia é bíblica. Na Bíblia, a liberdade aparece como oposição à escravidão e como libertação e salvação. Na Maçonaria, trata da libertação dos vícios, das maldades e das imoralidades, como condição ao caminho da virtuosidade. Em quase todos os ritos maçônicos, a liberdade e a história do cativeiro hebraico na Babilônia é ilustrada pela canção do Coro dos Escravos Hebreus, *Va pensiero*.

3. A HISTÓRIA – SÉCULO XXI:

Em 12 de março de 2011, a Itália festejou 150 anos de sua unificação (1861). O mais importante evento, o mais expressivo para esta ocasião foi a apresentação da ópera *Nabucco* de Verdi, na Ópera de Roma (*Teatro dell'Opera di Roma*) ou Teatro Constanzi. Como se viu, a ópera *Nabucco* é o símbolo da unificação e da liberdade do país.

Silvio Berlusconi assistia a representação da ópera.

Fig. 5 – Logo oficial do 150° aniversário da unidade de Itália

Berlusconi[10], um empreendedor e político, era presidente do Conselho de Ministros da República da XVI Legislatura, vale dizer, chefe do governo italiano. Berlusconi era Maçom da Loja P2 (Loja "Propaganda 2") desde 26 de janeiro de 1978, Loja Irregular, expulsa do Grande Oriente de Itália. A Loja P2 tinha como Venerável Mestre Licio Gelli (n. Pistoia 1919-m. Arezzo 2015), um financeiro italiano. A Loja P2 chegou a ter 962 Membros, entre eles importantes políticos, empresários, jornalistas, agentes de serviços secretos e militares. Desses 962, 20 eram militares argentinos ligados à ditadura de seu país. Gelli provocou um grande escândalo, envolvendo políticos e o Banco Ambrosiano de Milão, dirigido por Roberto Calvi e implicando alguns financistas ligados ao Vaticano. A Loja também está envolvida no assassinato do banqueiro Roberto Calvi em Londres, em 1982. A Loja P2 foi proibida de funcionar, pela justiça italiana, em 1981. Berlusconi, quando chefe do governo da Itália, foi acusado de corrupção ativa, relações com a Máfia calabresa e escândalos sexuais: orgias com prostitutas e adolescentes.

A ópera *Nabucco*, em 12 de março de 2011, foi dirigida pelo maestro Riccardo Muti (Fig. 7). Muti nasceu em Nápoles em 1941.

---

[10] Silvio Berlusconi, político e empresário (comunicações, futebol, comércio) italiano, nasceu em Milão em 1936.

Fig. 6 – Silvio Berlusconi, foto de 2010

Foi diretor musical no *Teatro alla Scala* de Milão e desde 2010 é diretor musical da Orquestra Sinfônica de Chicago, cidade onde vive. A *Chicago Symphony Orchestra* (CSO) referida como "*Big Five*", foi fundada em 1891 e é uma das principais orquestras dos EUA. Riccardo Muti também é Maçom pertencente a uma Loja em Chicago, da Grande Loja do Estado de Illinois. Considerando sua grande popularidade, foi convidado a dirigir a parte musical da ópera *Nabucco* em março de 2011, em Roma.

O Teatro estava com todos os 1700 lugares ocupados. Antes da apresentação da ópera, o prefeito de Roma (*Sindaco della Comunità di Roma*), ex-ministro do governo Berlusconi, Gianni Alemanno (Fig. 8) fez um discurso político. Gianni[11] foi ministro da Política Agrícola e Florestal do governo Berlusconi e prefeito de Roma entre 2008 e 2013. Também, foi envolvido nos escândalos de corrupção. O discurso do prefeito foi muito mal recebido pelo público e contribuiu para politizar o evento.

[11] Giovanni Alemanno (ou Giani) nasceu em Bari, em 1958.

O público fazia um silêncio absoluto durante o primeiro ato. Havia uma expectativa geral para a execução do Hino da Liberdade: *Va pensiero* ... no terceiro ato, uma reação íntima e profunda em cada espectador quando o coro recitou: "Oh pátria minha, tão bela e perdida". O que está descrito a seguir poderá ser visto no vídeo exposto abaixo. Ao terminar o hino, os aplausos da plateia interromperam a ópera e o público manifestou-se com gritos unidos de "bis": "Viva Itália", "Abaixo a Corrupção" .... Da galeria, foram lançados papéis com mensagens políticas: "Abaixo a Corrupção", "Fora Berlusconi", etc. Não é costume bisar uma melodia durante a execução de uma ópera. Muti hesitou, vacilou perplexo e tomando o microfone disse (em italiano, gravado no vídeo abaixo): "Aqui não cabe um simples bis. Há de ter um propósito particular", concordando, então, com os protestos. O maestro encarou o público e apontou para Berlusconi. Nova manifestação da plateia gritando "Longa vida à Itália" interrompeu o maestro Muti. Fazendo-se silêncio, Muti disse: ".... sim, longa vida à Itália,

Fig. 7 – Riccardo Muti, maçom. Seul, 2015

Fig. 8– Gianni Alemanno, foto de 2010

mas ....” nova interrupção com aplausos. “... mas já não tenho 30 anos e já vivi minha vida, mas como um italiano que percorreu o mundo, tenho muita mágoa do que se passa agora em meu país. Portanto, concordo com o pedido de bis. Isto não se deve apenas à alegria patriótica que eu senti em todos os presentes, mas porque esta noite, enquanto eu dirigia o coro que cantava ‘Oh meu país, belo e perdido’, eu pensava que, se continuarmos assim, mataremos a cultura sobre a qual assenta a história da Itália. Neste caso, nossa pátria será ‘*veramente si bela e perduta*’”. Novamente uma interrupção com aplausos retumbantes, grandiloquentes, incluindo os participantes do coro e da orquestra. Novamente, sob o peso do silêncio, Muti retornou: “Reina aqui um clima italiano. Eu, Muti, falei para surdos durante muitos anos, gostaria agora .... nós deveríamos dar sentido a este canto. Como estamos em nossa casa, o teatro da capital, e com um coro que cantou magnificamente e que é magnificamente acompanhado, se for de vosso agrado, proponho que todos se juntem a nós para cantarmos juntos ‘... *à tempo*’”.

Foi assim que Muti convidou o público para cantar o Coro dos Escravos Hebreus. Todo o público se levantou. O coro também se levantou. Vários foram ao pranto, incluindo os participantes do coro. Foi um momento fundamental. Foi uma declaração pública aos políticos. Vários lembraram o que aconteceu em 1842 com as autoridades austríacas. Berlusconi levantou-se e foi embora, junto com seus áulicos.

O que foi escrito sobre 12 de março de 2011 poderá ser visto no vídeo abaixo:

http://www.youtube.com/embed/G_gmtO6JnRs

(gravação da RAI – 3; acessado em 8.fev.2016).

A propósito um pensamento de Riccardo Muti: "*Insegnare la musica è un dovere etico, anche se la musica è inspiegabile. Ma è possibile insegnare come aprire le porte al 'rapimento' patriotico*". (Ensinar música é um dever ético, embora a música seja inexplicável. Mas você pode ensinar a abrir as portas para o "sequestro" patriótico).

A repercussão do acontecido foi nacional. A Rádio Televisão Italiana (RAI) continuamente repassava para todo o país. Os protestos contra o governo se intensificaram. O maestro Muti retornou a Chicago. Em agosto de 2011, Riccardo Muti foi nomeado Diretor Vitalício Honorário (*Direttore Onorario a vita*) da Ópera de Roma.

O acontecido de 12 de março de 2011 representou uma catarse emocional e patriótica. As forças partidárias que apoiavam Berlusconi se romperam. A dívida italiana estava altíssima: em torno de 135% do PIB. Houve um voto de desconfiança no Parlamento ao governo Berlusconi. Silvio Berlusconi, não suportando a pressão e os protestos, renunciou em 12 de novembro de 2011. Esteve 17 anos no poder.

O presidente nomeou, então, Mario Monti, um economista e político italiano (nasceu em Varese, região de Lombardia, em 1943) para formar um novo governo. Formou um governo técnico de união nacional. Tornou-se Presidente do Conselho de Ministros de 2011 a 2013. Implementou reformas e medidas de austeridade.

Berlusconi respondeu (e responde) a vários processos. Num

deles foi condenado a 7 anos de prisão e proibição de exercer cargos públicos. Mas, em 2015, foi anistiado. Também, em 2015, foi condenado a 3 anos de prisão por corrupção, mas esse delito prescreveu em outubro de 2015. Num terceiro processo, foi condenado a dois anos de prestação de serviços sociais. Há outros pelos quais ainda não foi julgado (G1 Mundo, 2011; La Repubblica, 2015; URL, 2015; Il Fatto Quotidiano, 2015).

4. CONSIDERAÇÕES FINAIS:

A história se repete! Como não comparar os acontecimentos de 1842 com os de 2011? A força do Hino à Liberdade, *Va pensiero* ... provoca novas mudanças políticas na Itália, 169 anos depois.

Não há como não pensar no Brasil dos dias de hoje. Uma canção e atitudes corretas de alguns maçons podem exterminar o autoritarismo, a corrupção, a imoralidade! E alcançar a Liberdade! "É impressionante o poder de uma canção, de um hino, contando com o vigor do amor patriótico. Os Maçons que trabalham com símbolos têm noção da força que tem um hino, uma bandeira, um ideal. ... O Brasil precisa de Maçons como um Verdi, como um Riccardo Muti, de um hino, que motivem o povo a conquistar seu próprio destino" (VELLOSO, 2015). Brasil, tão belo e perdido! Planta-se a semente da esperança empenhados em resgatar a conduta ética e patriótica.

Assista também: *Arena di Verona. Verdi Nabucco Va pensiero*. 1992. Gravação de 2003. Regente: Anton Guadagno.

http://www.youtube.com/watch?v=kH0TkspIq9U&feature=related Acessado em 8.fev.2016.

AGRADECIMENTOS:

O Autor agradece as sugestões e correções do amigo italiano (*amico italiano persone buone*) STELIO GOSTISA, de Florianópolis.

Agradece também as ideias e sugestões do Irm∴ PAULO ROBERTO VELLOSO, da A∴ R∴ L∴ S∴ "Professor Mâncio da Costa", Florianópolis.

REFERÊNCIAS BIBLIOGRÁFICAS:

BBC. "*Senado aprova lei que autoriza Berlusconi a faltar audiências*". BBC Brasil. G1 Globo.com 10.mar.2010. Disponível em: http://g1.globo.com/Noticias/Mundo/0,,MUL1524115-5602,00.html Acessado em 9.fev.2016.

BÍBLIA de Referência de Thompson. São Paulo: Vida, 2002.

ESP. "*O Lobisomem Berlusconi*". O Estado de São Paulo, 29.nov.2009

http://alias.estadao.com.br/noticias/geral,o-lobisomem-berlusconi,473832

Acessado em 9 fev. 2016.

FRIDLIN, V. & Gorodovits, D. & Fridlin, J.S. "*Salmos Hebraico e Português*". Edição bilíngüe. São Paulo: Sêfer, 2000.

G1 MUNDO. "*Conheça a trajetória do magnata e político italiano Silvio Berlusconi*". G1 Globo.com. 12 nov. 2011. Disponível em: http://g1.globo.com/mundo/noticia/2011/11/conheca-trajetoria-do-magnata-e-politico-italiano-silvio-berlusconi.html Acessado em 9.fev.2016.

G1 MUNDO. "*Silvio Berlusconi deixa o cargo de primeiro-ministro da Itália*". G1 Globo.com. 12 nov. 2011. Disponível em: http://g1.globo.com/mundo/noticia/2011/11/silvio-berlusconi-deixa-o-cargo-de-primeiro-ministro-da-italia.html Acessado em 9 fev .2016.

Il Fatto Quotidiano. "*Silvio Berlusconi, Condannato a Tre Anni*". Ilfattoquotidiano.it. 8 luglio. 2015.

IONTA, M. "*Como a Maçonaria Uniu a Italia*". Bibliot ca. Revista Texto & Texts. 13. dez. 2012. Disponível em: https://bibliot3ca.wordpress.com/como-a-maconaria-uniu-a-italia/ Acessado em 9 fev. 2016.

LA REPUBBLICA. "*Clamorosa sentenza: Berlusconi*". La Repubblica: 18 settembre. 2015.

LIMA, W.C. "*Fragmentos do Esquadro, do Compasso e da Cultura*". Florianópolis: PostMix, 2011.

NATORF, J.L. *"G. Verdi, o Camponês de Roncole"*. Porto Alegre: Est Edições, 2005.

PAGANO, L. *"Dicionário Bio-Bibliográfico de Músicos"*. São Paulo: Reservada, 1951.

RESCIGNO, E. *"Giuseppe Verdi politico e deputato, Carvour, il Risorgimento."* Biblioteca Liberal Socialista, 2007. Disponível em: http://www.liberalsocialisti.org/articol.php?id_articol=797 Acessado em 9.fev.2016.

SOUTHWELL-SANDER, P. *"Verdi. A Vida Ilustrada dos Grandes Compositores"*. Rio de Janeiro: Ediouro, 1994.

URL. *"Cassazione Confirma Prescrizione per Berlusconi"*. URL Consultato. it. 9 luglio. 2015.

VELLOSO, P.R. *"Comunicação pessoal"*. A∴ R∴ L∴ S∴ "Alvorada da Sabedoria, 2015".

VERDI. *"Giuseppe Verdi"*. Site Officialle. Documenti: Vita e Opere. Verdi 200. Regione Emilia-Romagna. Provincia di Parma. s/d. Disponível em: http://www.giuseppeverdi.it/vita/index.html Acessado em 9 fev. 2016.

ANOTAÇÕES